跨越时空的精神伟力

王炳林　主编

中国人民大学出版社
·北京·

图书在版编目（CIP）数据

跨越时空的精神伟力/王炳林主编．-- 北京：中国人民大学出版社，2025.1
ISBN 978-7-300-30422-9

Ⅰ.①跨…　Ⅱ.①王…　Ⅲ.①中国共产党-思想建设-研究　Ⅳ.①D261

中国版本图书馆 CIP 数据核字（2022）第 040498 号

跨越时空的精神伟力
王炳林　主编
Kuayue Shikong de Jingshen Weili

出版发行	中国人民大学出版社		
社　　址	北京中关村大街 31 号	**邮政编码**	100080
电　　话	010－62511242（总编室）		010－62511770（质管部）
	010－82501766（邮购部）		010－62514148（门市部）
	010－62515195（发行公司）		010－62515275（盗版举报）
网　　址	http://www.crup.com.cn		
经　　销	新华书店		
印　　刷	北京宏伟双华印刷有限公司		
开　　本	720 mm×1000 mm　1/16	**版　　次**	2025 年 1 月第 1 版
印　　张	18 插页 1	**印　　次**	2025 年 5 月第 2 次印刷
字　　数	216 000	**定　　价**	68.00 元

前　言

精神伟力，跨越时空，历久弥新。

100多年来，中国共产党弘扬伟大建党精神，在长期奋斗中构建起中国共产党人的精神谱系，锤炼出鲜明的政治品格。

所谓谱系，就是从同一个源头生成，繁衍扩展，形成的一个庞大系统，犹如一棵大树，从一棵树苗开始，生长壮大，长成参天大树；也像河流，源头活水，川流不息，奔涌向前。中国共产党人的精神谱系，是在马克思主义、共产主义信仰这个同根同源的基础上生长起来的庞大系统和完整体系，集中体现着中国共产党人的理想信念、根本宗旨、道德品质、工作作风和精神风貌，是党的一系列优良传统和作风的集中概括。

一、中国共产党人的精神谱系是一个完整的体系

“问渠那得清如许？为有源头活水来。”中国共产党人的一系列伟大精神之所以能形成庞大的精神谱系，是因为有伟大建党精神作为活水源头。习近平总书记在庆祝中国共产党成立100周年大会上明确指出：“一百年前，中国共产党的先驱们创建了中国共产党，形成了坚持真理、坚守理想，践行初心、担当使命，不怕牺

牲、英勇斗争，对党忠诚、不负人民的伟大建党精神，这是中国共产党的精神之源。”

伟大建党精神蕴含着党“从哪里来、到哪里去”的精神密码，是中国共产党人的精神谱系孕育和生成的理论之源、宗旨之源、意志之源与品德之源。

历史川流不息，精神代代相传。伟大建党精神在100多年的伟大斗争实践中不断丰富发展，形成中国共产党人的精神谱系，产生了广泛而深远的影响。2021年9月，中共中央批准了中央宣传部梳理的第一批纳入中国共产党人精神谱系的伟大精神：建党精神；井冈山精神、苏区精神、长征精神、遵义会议精神、延安精神、抗战精神、红岩精神、西柏坡精神、照金精神、东北抗联精神、南泥湾精神、太行精神（吕梁精神）、大别山精神、沂蒙精神、老区精神、张思德精神；抗美援朝精神、“两弹一星”精神、雷锋精神、焦裕禄精神、大庆精神（铁人精神）、红旗渠精神、北大荒精神、塞罕坝精神、“两路”精神、老西藏精神（孔繁森精神）、西迁精神、王杰精神；改革开放精神、特区精神、抗洪精神、抗击“非典”精神、抗震救灾精神、载人航天精神、劳模精神（劳动精神、工匠精神）、青藏铁路精神、女排精神；脱贫攻坚精神、抗疫精神、“三牛”精神、科学家精神、企业家精神、探月精神、新时代北斗精神、丝路精神。中国共产党人的精神谱系是一个完整的体系。

从纵向上看，伟大精神贯穿中国共产党百年发展全历程。100多年来，尽管时代主题和历史任务发生了变迁，但一系列伟大精神经受住了时间的考验，不断得到传承和弘扬，其内涵不断丰富，从而展现出精神谱系的一脉相承性。

从横向上看，伟大精神涵盖的领域极为广泛。中国共产党的一系列伟大精神涉及政治、经济、文化、军事、科技、生态、外交等社会领域的方方面面。如政治方面的建党精神，经济领域的大庆精神、红旗渠精神，文化领域的雷锋精神、女排精神，军事领域的抗美援朝精神，科技领域的新时代北斗精神，生态文明方面的塞罕坝精神，外交领域的丝路精神，等等。社会发展的各领域各方面都有伟大精神的凝练和弘扬，呈现出伟大精神的系统性。

从类型上看，伟大精神的承载主体丰富多样，包括人物、事件、会议、地域等多个方面。如地域类较为典型的井冈山精神、苏区精神，会议类的遵义会议精神，事件类的长征精神、抗疫精神，先进人物类的焦裕禄精神、雷锋精神、孔繁森精神，等等。这些伟大精神都不是孤立、单独存在的，而是在与其他主体互相关联和彼此融合之中形成与发展的，从而体现出精神谱系的丰富多彩性。

二、中国共产党人的精神谱系具有坚实根基

每一种革命精神，都来之不易、成之惟艰，具有坚实的实践基础和厚重的理论根基。

伟大精神是在伟大实践中孕育形成的。实践是认识的目的、动力和来源。人们的一切认识、思想、理论归根到底都来源于社会实践。伟大实践孕育伟大精神，波澜壮阔的伟大斗争是精神谱系形成的实践基础。中国共产党人的精神谱系就是中国共产党领导人民在革命、建设和改革的伟大实践中孕育与升华的伟大理论成果和精神财富。

伟大建党精神是中国共产党人发挥主观能动性的伟大成果。在100多年的非凡奋斗历程中，一代又一代中国共产党人顽强拼搏、不懈奋斗，涌现出了一大批视死如归的革命烈士、一大批顽

强奋斗的英雄人物、一大批忘我奉献的先进模范。他们是中国共产党人的精神谱系形成的主导因素。

伟大精神来源于马克思主义理论的科学指引。中国共产党人正是基于马克思主义立场、观点和方法的科学指导，确立了共产主义的远大理想，始终坚持以人民为中心的政治立场，始终坚持开拓创新、追求卓越的精神风貌。中国共产党人的精神谱系就是以马克思主义基本原理为理论根基，就是在马克思主义中国化理论成果的指导下形成和发展的。在毛泽东思想、邓小平理论、“三个代表”重要思想、科学发展观、习近平新时代中国特色社会主义思想的科学指引下，一系列伟大精神充分展现出鲜明的时代性和催人奋进的先进性。

伟大精神是对中华优秀传统文化的继承和弘扬。中华民族5 000多年的文明史孕育了中国优秀的传统文化和独特的民族精神，这些文化和精神成为中华民族的宝贵精神财富。中国共产党在继承、弘扬中华优秀传统文化和赓续民族精神血脉中构筑起系统的精神谱系。中华优秀传统文化和伟大的民族精神中蕴含的优质基因与强大文化生命力滋养了精神谱系的沃土，使一系列伟大精神历久弥新、熠熠生辉。

伟大精神吸收和借鉴了人类文明的优秀成果。中国共产党人的精神谱系是在吸收和借鉴了人类文明优秀成果的基础上形成与发展起来的。中国共产党成立前后，很多先进分子走出国门，在国外学习和吸收新思想、新理论，其所见所闻的文明成果，对确立信仰、选择道路起到了重要促进作用。中国共产党注重在革命、建设和改革实践中吸收与借鉴人类优秀文明成果，能够用宽广的眼界和胸襟观察与把握世界发展大势，保持战略定力，激发昂扬斗志，也使一系列伟大精神具有广泛的国际影响。

三、中国共产党人的精神谱系的精髓要义

包括伟大建党精神在内的中国共产党人的精神谱系是一个整体，具有一脉相承、交融互通的共生特质，蕴含共同的精髓要义。伟大建党精神是贯穿精神谱系的红线，是精神谱系的灵魂。精神谱系在形成和发展过程中也会根据新形势新任务呈现出新特点，以下几个方面是中国共产党人的精神谱系的精神实质。

一是理想信念。坚定的理想信念是中国共产党人的精神谱系的灵魂。理想是对未来的憧憬和追求，信念是对实现目标的执着态度。理想信念在中国共产党人的精神世界中发挥着决定性作用。坚定的理想信念作为精神谱系中最宝贵的基因，支撑着一代又一代中国共产党人在伟大征程上百折不挠、奋勇拼搏，是中国共产党带领全国人民克服一切艰难险阻、从胜利走向胜利的强劲动力。

二是炽热情怀。中国共产党人的精神谱系是有温度、有情怀的，这种情怀的集中体现就是对党忠诚、不负人民。对党忠诚、衷心热爱，是中国共产党人的基本品质，是心之所系、情之所归，也是精神谱系的崇高境界。纵观中国共产党百年发展历程，爱党、爱国、爱人民是始终贯穿其中的一条红线，是精神谱系的炽热情怀和崇高境界。焦裕禄精神是中国共产党亲民爱民的充分体现。

三是甘于奉献。奉献是中华民族的传统美德，是中国人民的一种高尚的精神境界和精神动力。奉献精神是一种舍己为人、不计得失、不求回报的无怨无悔的精神，也是无所畏惧、勇于挑战、尽职尽责的敢于担当的精神。无私奉献是中国共产党人的重要精神特质，是精神谱系中一抹鲜亮的底色。回首中国共产党披荆斩

棘走过的百年，一代又一代中国人民在中国共产党的带领下不畏艰险、不怕牺牲，为党尽责、为国尽忠、为民造福，默默奉献自己的青春和才智，甚至献出自己的生命。甘于奉献的革命精神历久弥新，成为激励全国人民在伟大复兴的道路上不断奋进的强大力量。

四是艰苦奋斗。艰苦奋斗是党的优良传统和作风，是鲜明的政治本色。中国共产党诞生于民族危难之际，历经百年革命之淬炼，在艰难困苦中净化灵魂，在浴血奋战中磨砺意志。艰苦奋斗是中国共产党与生俱来的优秀品质。中国共产党人的精神谱系能够一脉相承、生生不息，靠的就是党和人民不懈的艰苦奋斗和接续的拼搏进取。中国人民展现出的吓不倒、压不垮的革命精神和英雄气概是战胜一切风险挑战的力量源泉。

五是守正创新。创新是民族进步之魂，是时代精神的核心，是精神谱系形成发展的强大动力。创新要求尊重科学、尊重规律，按规律办事。坚持马克思主义、发展马克思主义是中国共产党成功的理论密码。从中国的道路开辟、理论发展到科技探索，都是守正创新的结晶。创新精神是推动中国社会经济发展、科技进步的精神动力。在经历不同历史时期的千锤百炼和一代又一代中国共产党人的实践历程中，创新精神不断得到巩固与升华，成为中国共产党最宝贵的精神品质，是激发中国人民为国家富强、民族振兴而不懈努力奋斗的强大力量。

中国共产党人的精神谱系是由一个个具体鲜活的精神标识组合而成的。本书采取讲道理与讲故事相结合的方式，选取每个历史时期具有代表性的伟大精神，通过生动实践和感人事迹阐释深刻道理，揭示一系列伟大精神的科学内涵，相信对人们树立正确的世界观、人生观、价值观会有重要的启发意义。

目 录

第一章 建党精神

一百年前，中国共产党的先驱们创建了中国共产党，形成了坚持真理、坚守理想，践行初心、担当使命，不怕牺牲、英勇斗争，对党忠诚、不负人民的伟大建党精神，这是中国共产党的精神之源。

一百年来，中国共产党弘扬伟大建党精神，在长期奋斗中构建起中国共产党人的精神谱系，锤炼出鲜明的政治品格。历史川流不息，精神代代相传。我们要继续弘扬光荣传统、赓续红色血脉，永远把伟大建党精神继承下去、发扬光大！

——习近平：《在庆祝中国共产党成立100周年大会上的讲话》，《人民日报》2021年7月2日第2版

1920年2月，时当阴历年底，正是北京一带生意人前往各地收账的时候。一辆骡车从北京朝阳门驶出南下，走在前往天津方向的道路上。骡车上坐着的两个“商人”，一个叫李大钊，另一个叫陈独秀。不久前，因宣传革命思想，陈独秀遭到北洋政府通缉。为避免陈独秀遭到反动军阀政府的迫害，李大钊雇用骡车，亲自护送他经天津转赴上海。出于安全考虑，他们化装成了商人的模样。路途中，他们首次商讨了有关建党的问题，商定两人分别在上海、北京同时着手筹建工作。此即“南陈北李，相约建党”。

1920年8月，陈独秀等人在上海成立了中国第一个共产党早期组织，并成为建立中国共产党的发起组。10月，李大钊等人在北京成立了共产党早期组织，并帮助天津、唐山、太原、济南等地的共产主义者开展工作。到1921年春，武汉、长沙、济南、广州等地相继成立了共产党早期组织。

1921年7月23日，代表们从全国各地汇聚到上海法租界望志路106号（今兴业路76号），秘密召开了党的第一次全国代表大会。会议的中心任务是讨论中国共产党的成立。7月30日晚上，一名穿灰布长衫的中年男子突然闯入会场，代表们立即中断会议转移。15分钟后，会场便遭到了法租界巡捕的严密搜查。8月初，在“领队”兼“导游”王会悟的安排下，代表们从上海乘坐火车到达嘉兴，踏上了位于嘉兴南湖的画舫继续召开会议。中共一大南湖会议通过了中国共产党的纲领，确定党的名称为“中国共产党”。中国共产党的成立是开天辟地的大事变，从此中国革命的面貌焕然一新。

中华民族是世界上伟大的民族，在几千年的历史进程中，勤劳智慧的中国人民创造了悠久灿烂的文明，为人类做出了卓越的贡献。然而近代以来，由于西方列强的入侵，封建统治的腐败，中国逐步沦为半殖民地半封建社会，国家蒙辱、人民蒙难、文明蒙尘，中华民族遭受了前所未有的劫难。推翻帝国主义和封建主义的统治，实现民族独立和人民解放，彻底改变国家贫穷落后的面貌，实现国家繁荣富强和人民共同富裕，成为中华民族所面临的两大历史任务。在中国共产党诞生之前，中国的先进分子不断探索，尝试过各种主义，推行过各种改造中国社会的方案，但最终都因其自身的局限性而失败，没能改变中国半殖民地半封建社会的性质和中国人民的悲惨命运。十月革命一声炮响，给中国送来了马克思列宁主义。在中国人民和中华民族的伟大觉醒中，在马克思列宁主义同中国工人运动的紧密结合中，中国共产党应运而生。中国共产党一经成立，就把实现共产主义作为党的最高理想和最终目标，义无反顾肩负起实现中华民族伟大复兴的历史使命。中国共产党的先驱们在创建中国共产党的过程中形成的伟大建党精神，是中国共产党的精神之源。在百年奋斗历程中，中国共产党弘扬伟大建党精神，构建起了中国共产党人的精神谱系，锤炼出鲜明的政治品格。

一、坚持真理、坚守理想是中国共产党的灵魂和旗帜

1920 年 2 月，29 岁的陈望道回到浙江义乌县（今义乌市）分水

塘老家，这次回家他肩负着一项重要的翻译任务，那就是通过自己之手向世人奉献一本高质量的中文版《共产党宣言》。《共产党宣言》是马克思和恩格斯为共产主义者同盟起草的纲领，全面系统地阐述了科学社会主义理论。当时的中国，虽然已有对《共产党宣言》的介绍，并有片段文字和部分章节的翻译，但无法满足人们对科学理论的渴望和需求。正如陈独秀所说，把《共产党宣言》全文翻译出版“已是社会之急需，时代之召唤”。但是，准确翻译《共产党宣言》绝非易事，不但需要有良好的外语水平，而且更需要有较高的理论和文学修养。

陈望道在自家矮小僻静的柴房里放了两条板凳，搁上一块铺板，点上一盏油灯，开始了《共产党宣言》的翻译工作。他手头可以参考的翻译资料着实匮乏，只有《共产党宣言》的英文本和日文本。他字斟句酌、反复推敲，关起门来不分昼夜地工作。此时的浙中山区春寒料峭，陈家的柴房年久失修、破陋不堪，陈望道在翻译时，常常冻得手脚发麻。有一天，陈望道的母亲见儿子着实辛苦，便做了糯米粽子，外加一碟红糖，送到书桌前，催促儿子趁热快吃。陈望道边吃粽子边继续琢磨翻译。过了一会儿，母亲在屋外喊道：“红糖不够，我再给你添一些。”儿子赶快回答：“够甜，够甜的了！”当母亲前来收拾碗筷时，见到儿子满嘴是墨汁，红糖却一点儿没动，原来他蘸着墨汁吃了粽子。陈望道翻译《共产党宣言》如此专注，以至于把本该蘸红糖的粽子蘸了墨汁吃掉都浑然不觉，成就了一段“真理的味道非常甜”的佳话。

马克思主义作为完整的科学体系，继承和吸收了人类关于自然科学、思维科学、社会科学的优秀成果，客观反映了社会历史发展的规律，是被实践证明了的科学真理。中国共产党自成立之日起，就把马克思主义确立为自己的指导思想，写在自己的旗帜上。在马克思主义理论的指导下，一代又一代中国共产党人把在中国实现社会主义、共产主义确立为自己的远大理想和奋斗目标，并树立了为之不懈奋斗的坚定信念。

坚定的理想信念，必须建立在对马克思主义的深刻理解之上，建立在对历史规律的深刻把握之上。理论上清醒，政治上才能坚定。邓小平指出："在我们最困难的时期，共产主义的理想是我们的精神支柱，多少人牺牲就是为了实现这个理想。"[①] 因为坚定的理想信念，方志敏在监狱中面对敌人的酷刑毫不动摇，严守党的机密，在就义前写下豪迈誓言："敌人只能砍下我们的头颅，决不能动摇我们的信仰！因为我们信仰的主义，乃是宇宙的真理！"因为坚定的理想信念，红军在长达两年的时间里，面对敌人的围追堵截从未退缩，面对雨雪风暴从未畏惧，面对缺衣少食从未抱怨，克服了超出人类生理与心理极限的挑战，走完两万五千里的长征路，创造了人类战争史上的伟大奇迹。

在革命、建设、改革事业中，中国共产党坚持把马克思主义基本原理同中国具体实际相结合、同中华优秀传统文化相结合，不断推进马克思主义中国化，指导中国革命、建设和改革克服了一个又一个困难，取得了一个又一个胜利。1930 年 1 月，面对"红旗到底能打多久"的迷茫和质疑，毛泽东运用马克思主义的基本观点和方法深刻地分析中国革命的形势，写下了著名的《星星之火，可以燎原》，提出中国革命必须走农村包围城市、武装夺取政权的道路，科学预测了革命高潮的到来。1992 年初，邓小平在南方谈话中指出："社会主义的本质，是解放生产力，发展生产力，消灭剥削，消除两极分化，最终

① 邓小平．邓小平文选：第 3 卷．北京：人民出版社，1993：137.

达到共同富裕。”[①] 这一科学论断的提出，彻底冲破了思想的藩篱，极大深化和发展了科学社会主义理论，为中国特色社会主义事业开辟了广阔的舞台。

“心有所信，方能行远。”中国共产党的主要创始人之一李大钊同志曾说：“人生最高之理想，在求达于真理。”[②] 习近平总书记指出：“坚定理想信念，坚守共产党人精神追求，始终是共产党人安身立命的根本。”[③] 百年来的实践充分证明，中国共产党之所以能，中国特色社会主义之所以好，归根到底是因为马克思主义行。在新的征程上，作为共产主义远大理想和中国特色社会主义共同理想的坚定信仰者和忠实实践者，我们必须坚持马克思列宁主义、毛泽东思想、邓小平理论、“三个代表”重要思想、科学发展观，全面贯彻习近平新时代中国特色社会主义思想，坚持把马克思主义基本原理同中国具体实际相结合、同中华优秀传统文化相结合，用马克思主义观察时代、把握时代、引领时代，继续发展当代中国马克思主义、21世纪马克思主义。

二、践行初心、担当使命是中国共产党的价值追求

位于福建省松毛岭下的长汀县南山镇中复村，素有“红军长征第一村”之称。在村头斑驳的“红军桥”木梁上，有4条不足1.5米的“入伍线”依旧清晰。1.5米，是一把上了刺刀的步枪的高度。“人比枪高当红军”——当地人都知道，这就是当年红军征兵处的等高线。

① 邓小平．邓小平文选：第3卷．北京：人民出版社，1993：373.

② 李大钊．李大钊文集：上册．北京：人民出版社，1984：446.

③ 习近平．习近平谈治国理政：第1卷．2版．北京：外文出版社，2018：15.

村里的人称这条测量线为生命等高线，因为走出去的人，基本都牺牲在了长征路上，尸骨无存，连名字都没有留下。是什么支撑了他们一定要跟着红军队伍抛头颅、洒热血？是信念，是帮助穷苦老百姓过上好日子的必胜信念。

为中国人民谋幸福、为中华民族谋复兴是中国共产党人一以贯之的初心和使命。中国共产党来自于人民、根植于人民、服务于人民，除了人民利益没有自己特殊的利益，任何时候都把人民利益放在第一位。从石库门到天安门，从兴业路到复兴路，从小小红船到巍巍巨轮，100 多年来，一代代中国共产党人历经沧桑而初心不改、饱经风霜而本色依旧。新民主主义革命时期，苏区党员干部严于律己、廉洁奉公，“自带干粮去办公”。社会主义革命和建设时期，县委书记的好榜样焦裕禄把自己定位为人民的儿子，时刻把群众的安危冷暖记在心上。改革开放和社会主义现代化建设新时期，援藏干部的楷模孔繁森把“一个共产党员爱的最高境界是爱人民”视为自己的座右铭，一腔热血洒高原。党的十八大以来，在党中央的坚强领导下，数百万扶贫干部同贫困群众想在一起、过在一起、干在一起，赢得了脱贫攻坚战的全面胜利，创造了人类减贫史上的奇迹。

初心如磐，使命在肩。中国共产党诞生之后，之所以能够深刻改变近代以来中华民族发展的方向和进程，深刻改变中国人民和中华民族的前途与命运，就是因为中国共产党始终同人民心连心、同呼吸、共命运，始终把自身的前途命运同国家前途命运紧密联系在一起。在初心和使命的驱使下，中国共产党带领中国人民历尽千辛万苦、付出巨大代价，成功开辟出中国特色社会主义道路，取得了革命、建设、改革的伟大胜利，实现了中国从几千年封建专制政治向人民民主的伟大飞跃，实现了中华民族由不断衰落到根本扭转命运、持续走向繁荣富强的伟大飞跃，实现了中国人民从站起来、富起来到强起来的历史性飞跃。

人民群众是历史的创造者，是社会变革的决定性力量。中国共产党的根基在人民、血脉在人民、力量在人民。奉行人民至上，是中国共产党最大的政治优势。毛泽东指出："真正的铜墙铁壁是什么？是群众，是千百万真心实意地拥护革命的群众。"[①] 100 多年来，中国共产党在革命、建设、改革各个时期，都始终把为人民谋幸福、为民族谋复兴放在第一位，因此也得到了广大人民的衷心拥护和坚定支持。"最后的一碗米，用来做军粮；最后的一尺布，用来缝军装；最后的老棉袄，盖在担架上；最后的亲骨肉，送到战场上。"这首战争年代广为传唱的民谣，生动体现出中国共产党做到了同中国人民和中华民族的前途命运紧密联系在一起。

习近平总书记在党的十九大报告中指出："不忘初心，方得始终。中国共产党人的初心和使命，就是为中国人民谋幸福，为中华民族谋复兴。这个初心和使命是激励中国共产党人不断前进的根本动力。"[②]在新的征程上，我们必须紧紧依靠人民创造历史，坚持全心全意为人民服务的根本宗旨，站稳人民立场，贯彻党的群众路线，尊重人民首创精神，践行以人民为中心的发展思想，发展全过程人民民主，维护社会公平正义，着力解决发展不平衡不充分问题和人民群众急难愁盼问题，推动人的全面发展、全体人民共同富裕取得更为明显的实质性进展。

---

① 毛泽东．毛泽东选集：第 1 卷．2 版．北京：人民出版社，1991：139.

② 习近平．决胜全面建成小康社会 夺取新时代中国特色社会主义伟大胜利．北京：人民出版社，2017：1.

三、不怕牺牲、英勇斗争是中国共产党的意志本色

“犹记当时烽火里，九死一生如昨。”井冈山斗争时期，在敌人的反复进攻和严密封锁下，根据地军民生活“困难到了极度”。但就是在缺医少药、缺吃少穿的条件下，党领导军民进行了艰苦卓绝的斗争实践，探索开辟了武装斗争、土地革命、根据地建设的道路，为中国革命的胜利建造了摇篮。“宁肯少活 20 年，拼命也要拿下大油田”，以王进喜为代表的石油工人在冬天滴水成冰、夏天蚊虫肆虐的广袤荒原，克服了常人难以想象的重重困难，在最短的时间内用最少的资金开发出了大庆油田。“危急时刻，又见遍地英雄。”面对突如其来的新冠疫情，各条战线的抗疫勇士临危不惧、视死如归，困难面前豁了出去、关键时刻冲了上去，以生命赴使命，用大爱护众生。正是凭着这种不怕牺牲、英勇斗争的大无畏气概，中国人民创造了人类同疾病斗争史上又一个英勇壮举。

中国共产党在内忧外患中诞生，在磨难挫折中成长，在攻坚克难中壮大。从“倒海翻江卷巨澜”的革命斗争，到“河山依旧战旗红”的抗战伟业，从“地动三河铁臂摇”的建设热潮，到“天地间荡起滚滚春潮”的改革新路，中国的革命和建设事业之所以能取得历史性成就、发生历史性变革，就是因为有中国共产党带领中国人民历尽千辛万苦、付出巨大牺牲。毛泽东深刻地指出：“斗争，失败，再斗争，再失败，再斗争，直至胜利——这就是人民的逻辑，他们也是决不会违背这个逻辑的。”[①] 不怕牺牲、英勇斗争是中国共产党鲜明的意志品

---

① 毛泽东．毛泽东选集：第 4 卷．2 版．北京：人民出版社，1991：1487.

质。正是凭借着革命加拼命的精气神，中国共产党得以历经百年而风华正茂，饱经磨难而生生不息。

习近平总书记指出："世界上没有哪个党像我们这样，遭遇过如此多的艰难险阻，经历过如此多的生死考验，付出过如此多的惨烈牺牲。"① 作为中国先进生产力的代表，中国共产党致力于从根本上改造中国社会，在革命战争年代就带领人民反对帝国主义对中国的侵略，消灭地主阶级和官僚资产阶级的剥削与压迫。反动势力为维护自己的统治，进行了异常凶残的反扑，数度让党遭遇生死存亡的危机。"为有牺牲多壮志，敢教日月换新天"，正是因为中国共产党人把个人生死置之度外，不怕牺牲、英勇斗争，中国革命才赢得了最终的胜利。革命战争年代面对腥风血雨是如此，和平建设时期实现攻坚克难更是如此。中国特色社会主义道路是一项崭新的事业，无经验可鉴、无先路可循。面对前进道路上各种可预测和不可预测的风险，改革者只能在实践中不断探索前进。"杀出一条血路来"，正是因为中国共产党人秉承不怕牺牲、英勇斗争的风骨和品质，中国特色社会主义事业才取得了举世瞩目的成就。

"艰难困苦，玉汝于成。"在庆祝中国共产党成立 100 周年大会上，习近平总书记代表党和人民庄严宣告："经过全党全国各族人民持续奋斗，我们实现了第一个百年奋斗目标，在中华大地上全面建成了小康社会，历史性地解决了绝对贫困问题，正在意气风发向着全面建成社会主义现代化强国的第二个百年奋斗目标迈进。"② 在全面建设社会主义现代化强国新征程上，我们既面临难得的历史机遇，也必然

---

① 习近平．在党史学习教育动员大会上的讲话．北京：人民出版社，2021：19.

② 习近平．在庆祝中国共产党成立 100 周年大会上的讲话．北京：人民出版社，2021：2.

会面对诸多可以预见和难以预见的风险挑战。我们必须增强忧患意识、始终居安思危，贯彻总体国家安全观，统筹发展和安全，统筹中华民族伟大复兴战略全局和世界百年未有之大变局，深刻认识我国社会主要矛盾变化带来的新特征新要求，深刻认识错综复杂的国际环境带来的新矛盾新挑战，敢于斗争、善于斗争，逢山开道、遇水架桥，勇于战胜一切风险挑战。

四、对党忠诚、不负人民是中国共产党的崇高品质和炽热情怀

长征途中，红军战士刘志海冻死在雪山上，但他临死前还从雪堆里高举起一只手，紧握着党证和向党交纳的最后的党费——一块银圆，表现了一个革命者对党的无限忠诚和对革命的坚定信念。三大战役期间，党中央在西柏坡这个世界上最小的司令部里，一不发枪，二不发粮，三不发人，只是每天往前线发电报，“嘀嗒、嘀嗒”的红色电波，印证的不仅是党中央的运筹帷幄，更是无数同志对党组织的无限忠诚。“一辈子忠于党的事业，一辈子全心全意为群众谋利益”，是优秀共产党员杨善洲矢志不渝的价值追求。他主动放弃在城市安享晚年的机会，扎根大山办林场，把总价值 3 亿元的林场无偿移交给国家，这充分彰显了他对党的事业的无限忠诚。对党忠诚，是中国共产党人首要的政治品质。入党誓词，就是党员对党忠诚、永不叛党的表白和宣誓。中国共产党之所以能够历经百年风雨而经久不衰，其影响因素有很多，但最为关键的是广大党员对党的忠诚。对党忠诚表现在忠诚于党的信仰、忠诚于党的组织、忠诚于党的事业。只有做到对党

绝对忠诚，才能在大是大非面前旗帜鲜明，在各种诱惑面前立场坚定，在困难和考验面前无所畏惧。

伟大建党精神能够鼓舞斗志、温暖人心，就在于它是有温度、有情怀的。中国共产党人具有爱党、爱国、爱人民的炽热情怀，始终秉持为党尽责、为国尽忠、为民造福的政治品格。人民就是江山，江山就是人民。赢得人民信任，得到人民支持，党就能够克服任何困难，就能够无往而不胜。100 多年来，我们党在各个时期都十分注重保持同人民群众的血肉联系，坚持以伟大自我革命引领伟大社会革命。勇于自我革命，是中国共产党最鲜明的品格，也是中国共产党最大的优势。习近平总书记深刻指出："我们党之所以有自我革命的勇气，是因为我们党除了国家、民族、人民的利益，没有任何自己的特殊利益。"① 无私者才能无畏。百年来，植根于人民的中国共产党始终致力于同一切损害党的先进性和纯洁性的因素做斗争，不断实现自我净化、自我完善、自我革新、自我提高。勇于自我革命的鲜明品格，让中国共产党得到了人民的衷心拥护，焕发出强大的凝聚力和战斗力，得以在腥风血雨中一次次重生，在攻坚克难中不断发展壮大。历经百年，中国共产党已从成立时只有 50 多名党员的弱小政党发展到今天拥有 9 800 多万名党员的强大政党。

对党忠诚、不负人民，体现了中国共产党党性与人民性的统一。中国共产党是中国工人阶级的先锋队，同时也是中国人民和中华民族的先锋队，代表中国最广大人民的根本利益。习近平总书记强调："全心全意为人民服务，是我们党一切行动的根本出发点和落脚点，

① 中共中央党史和文献研究院．十八大以来重要文献选编：下．北京：中央文献出版社，2018：590.

是我们党区别于其他一切政党的根本标志。党的一切工作，必须以最广大人民根本利益为最高标准。”[①] 坚持中国共产党的党性，核心就是坚持正确的政治方向、站稳政治立场。坚持中国共产党的人民性，就是要恪守立党为公、执政为民理念，把实现好、维护好、发展好最广大人民根本利益作为一切工作的根本出发点和落脚点。坚持党性和坚持人民性是相一致的，没有脱离人民性的党性。只有心底无私天地宽，做到对党绝对忠诚，才能忠实代表人民的利益，践行人民对美好生活的向往就是我们的奋斗目标的承诺。

办好中国的事情，关键在党。中国共产党领导是中国特色社会主义最本质的特征，是中国特色社会主义制度的最大优势，是党和国家的根本所在、命脉所在，是全国各族人民的利益所系、命运所系。在新的征程上，我们必须坚持党的全面领导，不断完善党的领导，增强“四个意识”，坚定“四个自信”，做到“两个维护”，牢记“国之大者”，不断提高党科学执政、民主执政、依法执政的水平，充分发挥党总揽全局、协调各方的领导核心作用。必须以党的政治建设为统领，继续推进新时代党的建设新的伟大工程，确保党在新时代坚持和发展中国特色社会主义的历史进程中始终成为坚强领导核心。

人无精神不立，国无精神不强。实现中华民族的伟大复兴，不仅意味着要在物质上强大起来，更意味着要在精神上强大起来。唯有精神上站得住、站得稳，才能在历史洪流中屹立不倒、挺立潮头。伟大建党精神集中体现了中国共产党的性质宗旨、优良作风、伟大品格，是中国共产党人的精神谱系的源头，是中国精神的核心内容和鲜明标识。在百年非凡奋斗历程中，中国共产党弘扬伟大建党精神，形成了

---

① 习近平．在纪念毛泽东同志诞辰120周年座谈会上的讲话．北京：人民出版社，2013：18-19.

井冈山精神、长征精神、遵义会议精神、延安精神、西柏坡精神、红岩精神、抗美援朝精神、“两弹一星”精神、特区精神、抗洪精神、抗震救灾精神、抗疫精神等一系列伟大精神，构筑起中国共产党人的精神谱系，为我们立党、兴党、强党提供了丰厚滋养。

伟大建党精神是确保全面建设社会主义现代化国家开好局、起好步的巨大精神力量。习近平总书记强调，新时代中国特色社会主义是我们党领导人民进行伟大社会革命的成果，也是我们党领导人民进行伟大社会革命的继续，必须一以贯之进行下去。中国共产党一经成立，便以大无畏的精神开启了中华民族有史以来最为广泛而深刻的社会革命。正是凭借这种伟大精神，中国实现了民族独立和人民解放，中国特色社会主义建设取得了举世瞩目的伟大成就。在新的征程上，进行具有许多新的历史特点的伟大斗争，更需要始终保持大无畏的精神和斗志，像毛泽东号召的，保持过去革命战争时期的那么一股劲、那么一股革命热情、那么一种拼命精神，把革命工作做到底。

青年兴则国家兴，青年强则国家强。100 多年前，在中国共产党的创建过程中，广大进步青年发挥了主力军作用。参加党的一大的代表中，最大的 45 岁，最小的 19 岁，平均年龄只有 28 岁。毛泽东参加党的一大时 28 岁，周恩来加入中国共产党时 23 岁，邓小平加入旅欧中国少年共产党时只有 18 岁。100 多年来，正是因为一代代青年先锋以青春之我，创青春之国家和青春之民族，接续奋斗、凯歌前行，中国特色社会主义现代化建设才取得了举世瞩目的成就，中华民族伟大复兴才能始终展现出无比光明的前景。在新的征程上，广大青少年要认真学习、深刻领悟伟大建党精神，坚定理想信念，勇担时代使命，练就过硬本领，矢志不懈奋斗，在弘扬伟大建党精神中担当起实现中华民族伟大复兴大任。

第二章

井冈山精神

井冈山是中国革命的摇篮。井冈山时期留给我们最为宝贵的财富，就是跨越时空的井冈山精神。今天，我们要结合新的时代条件，坚持坚定执着追理想、实事求是闯新路、艰苦奋斗攻难关、依靠群众求胜利，让井冈山精神放射出新的时代光芒。

——《习近平春节前夕赴江西看望慰问广大干部群众 祝全国各族人民健康快乐吉祥 祝改革发展人民生活蒸蒸日上》，《人民日报》2016 年 2 月 4 日第 1 版井冈山地处湘赣两省交界的罗霄山脉中段。1927 年，以毛泽东、朱德等为代表的中国共产党人在井冈山点燃了中国革命的星星之火，创建了第一个农村革命根据地。井冈山革命根据地从 1927 年 10 月起至 1930 年 2 月止，虽然只存在了短短的两年零四个月，但在这段时间里，中国共产党人进行了艰苦卓绝的斗争和开天辟地的探索，这些斗争和探索是马克思主义中国化的伟大开篇，是中国革命走向胜利的光辉起点，对中国共产党领导中国革命走向胜利产生了极其重要而深远的影响。在创建和发展井冈山革命根据地的过程中，形成了坚定信念、艰苦奋斗、实事求是、敢闯新路、依靠群众、勇于胜利的井冈山精神。

一、坚定信念

在井冈山斗争过程中，红旗始终不倒，理想信念发挥了极其重要的作用。1927 年，正当北伐战争节节胜利、工农革命运动不断高涨之时，蒋介石在上海制造了“四一二”反革命政变，汪精卫在武汉进行了“七一五”分共，革命形势急转直下，反动势力对革命进行血腥镇压，全国笼罩在白色恐怖之中。据不完全统计，1927 年 3 月至 1928 年上半年，被国民党反动派杀害的共产党人和革命群众共计 31

万多人。在反革命的高压下，一些在革命高潮时入党的不坚定分子，有的登报声明脱离共产党和共青团，有的甚至倒向敌人阵营，成为叛徒。中共党员人数由大革命高潮时期的近 6 万人急剧减少到 1 万余人，共产党领导下的工会会员由 280 多万人骤减至几万人，曾拥有会员1 000 多万的各地农民协会大多被国民党解散，党的许多优秀干部和群众运动领袖遭到逮捕和屠杀。一时间，黄浦滩头、湘江两岸，直至大河上下、长城内外，到处血雨腥风。但是，中国共产党和中国人民并没有被吓倒、被征服、被杀绝。一批坚定的共产主义者冒着生命危险勇敢地站起来，他们擦掉身上的血迹，掩埋好同伴的遗体，又继续战斗。

信仰至关重要，如同照亮前路的灯。对马克思主义的坚定信仰，对社会主义和共产主义的信念，是井冈山精神的灵魂。大革命失败后，井冈山的革命斗争靠什么燃起"工农武装割据"的燎原之火，照亮中国革命的前程？靠的就是共产党人对中国革命光明未来的坚定信念和不懈追求。正是凭借"革命理想高于天"的信仰力量，我们党才能无惧"敌军围困万千重"，有力回击"红旗到底能打多久"的质疑，才能在艰难困苦的环境中产生战胜一切困难的超凡勇气，才会在四面白色政权的包围中自强不息、百折不挠，历经艰难奋战而不溃散。邓小平指出："我们过去几十年艰苦奋斗，就是靠用坚定的信念把人民团结起来，为人民自己的利益而奋斗。没有这样的信念，就没有凝聚力。没有这样的信念，就没有一切。"① "井冈山革命的星星之火之所以能燃遍全国，走向胜利，就在于老一辈无产阶级革命家坚定的共产

① 邓小平．邓小平文选：第 3 卷．北京：人民出版社，1993：190.

主义理想和始终不渝的信念。”①

井冈山的斗争十分艰难困苦，但无数的革命者甘愿用生命坚守理想信念，牺牲个人的荣华富贵，抛头颅、洒热血。他们用革命的行动，一步步地探寻着中国革命的正确道路。有这么一些人，他们曾经远渡重洋去求学、去寻找救国真理，为了心中的理想信念，为了苦苦寻找的中国革命道路，他们不计任何报酬，为了党和革命事业牺牲一切。有这么一群大学生，他们没有留在城市，从不计较个人的名誉、地位和待遇，始终把革命利益放在第一位，用行动证明自己对真理的追求和对信念的坚持。

在井冈山斗争时期，红军指战员们脖子上都系着一条红带子，取名“牺牲带”，表明了他们为崇高理想而献身的决心。每次打仗之前，相互之间只有两句话：一句话是“告诉我的老母亲：你儿子在什么时候、什么地方光荣牺牲了”；另一句话是“胜利之后，在烈士纪念册上给我登记一个名字”。在他们看来，为了中国人民的神圣事业而做出自己的最大牺牲，直至献出宝贵的生命，都是值得的。

不仅红军指战员勇于胜利、勇于奉献，根据地的广大人民群众在党的教育下，也表现出“为有牺牲多壮志，敢教日月换新天”的英雄气概。在遂川县西庄村，曾发生过一个“工农护大印”的感人故事。1930年红军撤出遂川后，反动武装对革命群众进行疯狂报复，搜寻苏维埃政府的印章。当时印章先是由乡苏维埃政府赤卫队队长曾保华保管，藏在其房的屋檐里。乡苏维埃主席李邦万一家被抓走了，刚烈的贫苦农民李耀琦被杀了，倔强的乡赤卫队队长曾宝华也被杀了。曾宝华牺牲前，大声怒斥匪徒的暴行，匪徒又把曾宝华的妻子郭桂英及其独子带到曾宝华尸体前，威逼她说出印章的下落。郭桂英坚贞不屈，结果母

① 黄宏．井冈山精神．北京：人民出版社，2005：244.

子两人被匪徒活活打死。曾保华一家三口牺牲后，当地农民从曾保华家的屋檐上取出印章，交给苏维埃政府成员、赤卫队司员冯恩增保管。这是普通的井冈山群众面对生死的英勇选择。在井冈山斗争时期发生的无数次大大小小的战斗，没有一次胜利是离开了人民群众的牺牲和奉献的，他们的这种精神是伟大的井冈山精神的重要组成部分。

在井冈山斗争历史上，也曾出现关于“红旗到底能打多久”的质疑。面对这些悲观论调，毛泽东认为必须认真对待、给予解答。为了统一全党的认识，1928 年 5 月 20 日，在湘赣边界党的第一次代表大会上，毛泽东从分析中国革命形势入手，强调建立和巩固革命根据地的重要意义。1928 年秋天，在全军的一次讲话中，毛泽东风趣地说：革命要有根据地，就像人要有屁股。人如果没有屁股，便不能坐下来。要是老走着、老站着，定然不会持久。腿走酸了、站软了，就会倒下去。革命有了根据地，才能够有地方休整、恢复气力、补充力量，以利继续战斗、扩大发展，直至走向最后胜利①。为了教育党内和军内的一部分人，并从理论上澄清混乱思想，1930 年 1 月 5 日，毛泽东给林彪回复了一封信。在信中，他深刻地分析了中国革命的形势，详尽地阐明了“星星之火，可以燎原”的科学论断：“一九二七年革命失败以后，革命的主观力量确实大为削弱了。剩下的一点小小的力量，若仅依据某些现象来看，自然要使同志们（作这样看法的同志们）发生悲观的念头。但若从实质上看，便大大不然。这里用得着中国的一句老话：‘星星之火，可以燎原。’这就是说，现在虽只有一点小小的力量，但是它的发展会是很快的。”② “中国是全国都布满了干柴，很快就会燃成烈火。‘星火燎原’的话，正是时局发展的适当

① 许毅．中央革命根据地财政经济史长编．北京：人民出版社，1982：71.

② 毛泽东．毛泽东选集：第 1 卷．2 版．北京：人民出版社，1991：99.

的描写。”[①] 他还充满诗意地写道：“但我所说的中国革命高潮快要到来，决不是如有些人所谓‘有到来之可能’那样完全没有行动意义的、可望而不可即的一种空的东西。它是站在海岸遥望海中已经看得见桅杆尖头了的一只航船，它是立于高山之巅远看东方已见光芒四射喷薄欲出的一轮朝日，它是躁动于母腹中的快要成熟了的一个婴儿。”[②]

二、艰苦奋斗

“朱德的扁担”是一个家喻户晓的故事，多少年来，朱德与战士们同甘共苦的高尚品质，一直被人们传颂着，教育和鼓舞了一代又一代人。教育部组织编写的小学二年级语文上册第 8 课《朱德的扁担》是这样描述的：

1928 年，朱德同志带领队伍到井冈山，跟毛泽东同志带领的队伍会师了。红军在山上，山下不远处就是敌人。

红军要巩固井冈山根据地，粉碎敌人的围攻，需要储备足够的粮食。井冈山上生产的粮食不多，常常要抽出一些人到山下宁冈的茅坪去挑粮。从井冈山上到茅坪，来回有五六十里，山高路陡，非常难走。可是每次挑粮，大家都争着去。

朱德同志也跟战士们一块儿去挑粮。他穿着草鞋，戴着斗笠，挑起粮食，跟大家一块儿爬山。白天挑粮爬山，晚上还常常整夜整夜地研究怎样跟敌人打仗。大家看了心疼，就把他那根扁担藏了起

①② 毛泽东．毛泽东选集：第 1 卷．2 版．北京：人民出版社，1991：102.

来。不料，朱德同志又找来一根扁担，写上“朱德的扁担”五个字。大家见了，越发敬爱朱德同志，不好意思再藏他的扁担了。

“朱德的扁担”的故事生动地体现了井冈山时期红军的领导干部以身作则、率先垂范的优良作风。朱毛会师后，敌人加紧对革命根据地开展经济封锁。为解决粮食问题，红四军司令部发起下山挑粮运动。这些粮食大部分从宁冈的大陇运来。朱德常随着队伍去挑粮，“朱德的扁担”的故事传开了，大家都被朱德军长的精神所感动。后来，战士们为此编了一首歌谣：朱德挑谷上坳，粮食绝对可靠，大家齐心协力，粉碎敌人“围剿”。

艰苦奋斗是我们党的政治本色和优良传统，也是井冈山精神的基石。井冈山斗争时期，条件十分艰苦，加上国民党军队的反复进攻和严密封锁，红军官兵连基本的物质保障都没有，军民的处境极为困难。面对如此艰苦的斗争环境和物质条件，以毛泽东同志为主要代表的中国共产党人发扬艰苦奋斗的精神，积极开展自救运动，采取了一系列措施，自力更生，领导干部与大家同甘共苦、率先垂范、以身作则，解决了一个又一个难题，取得了多次反“进剿”、反“会剿”的胜利，使井冈山革命根据地渡过了一个又一个难关。历史证明，井冈山革命根据地的创建，是毛泽东、朱德等老一辈革命家同边界军民一道艰苦奋斗的结果。

为拥有足够的粮食和物资供给，毛泽东非常重视发展生产运动。红军每打下一个地方，都把土地分配给农民，以调动农民的生产积极性。在战斗练兵之外的空闲时间，部队都组织起来去帮助农民进行农业生产。红军战士还到处开荒种粮、种菜，想尽办法多种作物。为了解决边界的经济困难，冲破国民党对井冈山的经济封锁，毛泽东开辟了大陇红色圩场，搞活边界经济。红色圩场的开办，沟通了根据地内外的贸易，繁荣了根据地的经济，支援了革命战争，同时密切了军民关系，对粉碎敌人的经济封锁起了很大的作用。

井冈山斗争时期，冬天相当寒冷，红军和老百姓穿衣是个大问题，因为国民党的经济封锁，布匹和棉花等物资很少，也非常贵。为解决穿衣问题，毛泽东指示在桃寮村张氏宗祠建起工农革命军第一所被服厂。被服厂的开办，有效地解决了全军 5 000 人的穿衣问题，支援了井冈山的革命斗争。

生活环境艰苦，同志们都非常注意勤俭节约。“毛委员一根灯芯”的故事就非常典型。井冈山时期的照明全靠油，炒菜也用油。在物质非常缺乏的时期，油是非常珍贵的。当时部队有一个关于灯油使用的规定，团、营、连部晚上办公时用一盏灯，可以点三根灯芯，办完公要熄掉；连部留一盏灯做带班、查哨用，只准点一根灯芯。毛泽东当时住在八角楼上，按照规定，他可以点三根灯芯。但他办公、看书、写文章时，一直只点一根灯芯，经常忙到深夜。就在这微弱的灯光下，毛泽东写下了《井冈山的斗争》《中国的红色政权为什么能够存在?》等光辉著作。

“野菜很苦，但有丰富的政治营养。”这是以毛泽东同志为主要代表的中国共产党人在井冈山面对饥饿难忍、寒风刺骨、伤病折磨时发出的革命宣言。毛泽东的警卫员龙开富回忆说：“毛委员和战士一样艰苦，战士们吃什么，他也吃什么；战士们穿什么，他也穿什么。”在井冈山上曾流传着毛泽东“吃苦菜”的故事。有一次，毛泽东来到步云山练兵场，发现战士们在闹情绪，原因是部队缺粮食，挖来的野菜又太苦，难以下咽，毛泽东二话没说，端起碗夹着野菜便大口地吃了起来。他一边吃一边说，这种野菜是很苦，可是有丰富的政治营养！我们干革命，就要吃苦，就要吃大苦，没有今天的苦，哪有明日的甜呢？战士们听了都深受感动！

正是党群之间、干群之间、军民之间这种“有盐同咸、无盐同淡”的同甘苦、共患难的亲密关系，使井冈山军民经受住了战场上流血牺牲和日常生活中被冻死、饿死、困死的考验，以超人的意志战胜了不可想象的困难，谱写了感天动地的壮美诗篇。在敌强我弱、物质匮乏、战斗频繁的极端艰苦条件下，唱出了一首至今都感人心扉的歌谣：

红米饭，南瓜汤，
秋茄子，味好香，
餐餐吃得精打光。
干稻草，软又黄，
金丝被儿盖身上，
不怕北风和大雪，
暖暖和和入梦乡。

井冈山军民高扬革命的乐观主义精神，任凭“敌军围困万千重”，“我自岿然不动”，促使根据地一天一天扩大，土地革命一天一天深入，民众政权一天一天推广，红军和赤卫队一天一天壮大。

三、实事求是

毛泽东率部上井冈山之前，井冈山地区就已存在两支非常有名的地方武装，一支由袁文才率领，另一支由王佐率领。怎样才能成功改造地方武装呢？这就需要毛泽东等共产党人开展深入调查研究，摸清这两支武装的历史情况和现实状况。1927年10月3日，毛泽东率领秋收起义部队到达井冈山后，立即召开了古城会议。在古城会议上，毛泽东特别邀请了宁冈县（现已撤销，划入井冈山市）地方党组织负责人和地方武装代表陈慕平等人参加。毛泽东听取了他们的发言后，对袁文才和王佐这两支地方武装的历史和现状有了比较清楚的了解。在这次会议上，以毛泽东为书记的前敌委员会确定了对袁文才、王佐部队实行团结、改造的方针。

1927年10月6日，毛泽东亲赴袁文才的大仓"鸿门宴"，实地进行调查研究。一到大仓，毛泽东发现袁文才及其部下对他及其领导的工农革命军是尊敬的。毛泽东和袁文才越谈越投机，毛泽东渊博的学识、幽默的谈吐令袁文才十分佩服，当毛泽东提出赠送给袁部100条枪时，袁文才当即回赠了1 000块银圆作为工农革命军的军需，并表示将对革命军全力相助。毛泽东一边调查研究，一边见机行事，当天就将袁文才等人说服。袁文才打开山门迎接毛泽东领导的秋收起义余部进驻茅坪。

实事求是，是井冈山精神的核心。方向决定道路，道路决定命运。井冈山时期，毛泽东立足中国革命形势，把马克思主义基本原理同中国革命实际相结合，在武装斗争、土地革命、根据地建设等方面进行了一系列成功的探索，创造性地制定了党领导军队的一系列制度和纪律，探索中国革命新道路，引领中国革命不断走向胜利。井冈山斗争时期的这些探索，马克思主义经典作家没有相关论述，国际共产主义运动没有现成经验，党内"左"倾路线和教条主义又不断干扰打压，但革命为什么能取得胜利？邓小平指出："就是以毛泽东同志为首的中国共产党人，独立思考，把马列主义的普遍原理同中国的具体情况相结合，找到了适合中国情况的革命道路、形式和方法。”[①] 正是毛泽东等人坚持马克思主义理论，牢牢立足中国自身的历史、现实需要，以开阔的胸襟和眼界把握实际工作的特点和规律，以大无畏精神闯出一条前人没有走过的井冈山革命道路。坚持正确道路，这是我们党在百年奋斗历程中取得的重要历史经验。这条经验就是：“始终坚持从我国国情出发，探索并形成符合中国实际的正确道路。”[②]

实事求是，不仅是运用马克思主义基本原理研究中国实际，找出中国革命的特有规律的“态度”，还是了解中国现状和历史的重要“工作方法”，这个“求”就是调查研究。没有调查就没有发言权，调查研究是掌握实际情况、获得正确认识的基本方法和重要前提，是实事求是的一个必不可少的重要环节。

毛泽东是中国共产党善于深入实际调查研究的杰出代表。对于调查，毛泽东曾在《〈农村调查〉的序言和跋》中总结道：“要了解情况，唯一的方法是向社会作调查，调查社会各阶级的生动情况。”[③] 早在 1927 年 1 月 4 日至 2 月 5 日，他就曾对湖南湘潭、湘乡、衡山、醴陵、长沙五县做过为期 32 天的考察，并针对当时党内以陈独秀为代表的右倾机会主义放弃农民运动领导权的错误观念，写了长篇报告《湖南农民运动考察报告》，报告中的“一切从实际出发、调查研究”的论断在党内引起极大反响。正是注重调查，使毛泽东在井冈山斗争时期掌握了大量的客观依据，从而能在指导湘赣边界工作中做到实事求是。

---

① 邓小平．邓小平文选：第 3 卷．北京：人民出版社，1993：27.

② 中共中央关于党的百年奋斗重大成就和历史经验的决议．北京：人民出版社，2021：68.

③ 毛泽东．毛泽东选集：第 3 卷．2 版．北京：人民出版社，1991：789.

井冈山斗争时期，中国共产党瓦解敌军的政策之所以非常有效，就在于共产党人勤于调查研究，善于调查研究，极细心、极留心观察敌人之间的一切裂缝。例如，党组织委派莲花县的谢振国到袁州开酒楼，目的在于侦察敌情。在经营酒楼的过程中，谢振国发现国民党朱培德部的一个叫张威的营长情况有异，整天精神不振。经了解，他看透了国民党军队内部与地方政府的腐败，感到前途黯淡。于是，谢振国开始做他的思想工作，劝其弃暗投明，宣布起义，参加红四军。在谢振国的帮助下，加上张威早期参加过北伐战争，对共产党有所了解，9月，张威在袁州城宣布起义，并带领全营官兵离开袁州城，星夜投奔莲花独立团。

习近平在看望慰问江西广大干部群众时指出，要一切从实际出发，解放思想、开拓进取，善于用改革的思路和办法解决前进中的各种问题。中国发展的事实证明，坚持一切从实际出发，解放思想、实事求是，开拓创新，就会进一步增强活力、激发动力，不断开创各项事业发展的新局面。

四、敢闯新路

军叫工农革命，
旗号镰刀斧头。
匡庐一带不停留，
要向潇湘直进。
地主重重压迫，
农民个个同仇。

秋收时节暮云愁，
霹雳一声暴动。

——毛泽东《西江月·秋收起义》

1927年9月，毛泽东写下《西江月·秋收起义》这首词。其中，“匡庐一带不停留，要向潇湘直进”，原文实则是“修铜一带不停留，要向平浏直进”。“平浏”即为湖南的平江、浏阳，秋收起义的初步计划是经平浏等地攻击前进、夺取长沙。然而由于诸多方面的原因，在形成对长沙军事包围的行动中，三路人马均遭严重失利。继续进攻还是暂避锋芒？进攻，则有全军覆没之虞；退却，则又违背了中央的指令。毛泽东在这严峻的形势下，审时度势，在浏阳文家市果断决策，放弃进攻长沙，率领部队沿罗霄山脉南下。正是有了这次具有历史意义的转兵，才有了井冈山的斗争，并在斗争中走出一条正确的革命道路，即土地革命、武装斗争、根据地建设“三位一体”的工农武装割据，其核心内涵正是农村包围城市、武装夺取政权。

敢闯新路，是井冈山精神的内核。道路问题是关系党的事业兴衰成败第一位的问题，道路就是党的生命。1927年，大革命失败后，年轻的中国共产党在白色恐怖笼罩的严峻形势下，面临着走什么样的道路、如何把中国革命引向胜利的重大抉择。当时，共产国际内部盛行着把马克思主义教条化、把共产国际和苏联经验神圣化的错误倾向。当时的许多共产党人还不懂得马克思主义必须与本国实际相结合的道理，还未能摆脱苏联革命模式的影响，仍然把革命的希望寄托在中心城市的起义上。在艰苦卓绝的革命实践过程中，以毛泽东同志为主要代表的中国共产党人以“敢闯敢冒”的革命气魄，不断推动中国革命走向胜利。在八七会议上，毛泽东提出，党应当把武装斗争作为革命斗争的主要形式予以高度重视，“须知政权是由枪杆子中取得的”。秋收起义前夕，毛泽东大胆地提出要亮出共产党自己的旗帜。他说：“国民党旗子已成军阀的旗子，只有共产党旗子才是人民的旗子……国民党的旗子真不能打了，再打则必会再失败。”① 几天后，警卫团的何长工和师参谋长兼一团团长钟文璋、新兵训练处处长陈明义等人一起，遵照毛泽东的意见，设计制作出第一面画有镰刀斧头的红旗——中国共产党的第一面鲜艳的军旗。从此，崭新的军旗下团结屹立着千百万劳苦大众，为着革命的胜利而冲锋陷阵，奋斗不息。

勇闯新路，还体现在毛泽东独创“党指挥枪”的建军原则。部队到达三湾时，由于队伍迭遭失利，严重减员，出现了官多兵少、枪多人少的现象，加之一部分人对革命前途丧失信心，产生悲观动摇的情绪，不少人脱队逃跑。同时，一些旧军队出来的军官残余的军阀思想严重，随意打骂士兵，以致军心涣散，部队面临生死存亡的困境。在这一危急关头，毛泽东通过深入细致的调查研究，果断地对部队进行了整编。在组织上将一个师缩编为一个团；在部队各级建立党的组织，将支部建在连上；在军队内部实行民主制度，设立各级士兵委员会。三湾改编，从组织上确立了党对军队的领导，是把工农革命军建设成为无产阶级领导的新型人民军队的重要开端。这是毛泽东对我党建设自己的军队的成功探索与实践，特别是支部建在连上，从根本上保证了党对军队的绝对领导，奠定了政治建军的基础，是毛泽东对无产阶级建军原则的一个重要创造。

三湾改编后，毛泽东率部继续向南开进。在宁冈县委的帮助下，

① 中共中央文献研究室．毛泽东年谱：（1893—1949）（上卷）．北京：中共中央党校出版社，1993：212.

毛泽东在古城会议上确定了在罗霄山脉中段进行“工农武装割据”的计划。他不顾个人安危，会见地方武装的领导人袁文才，又通过袁文才写信做王佐的工作，成功地改造了两支地方武装，逐步建立了井冈山革命根据地。星星之火，可以燎原。中国革命正是在以毛泽东同志为主要代表的中国共产党人的一次次的勇于开拓、敢闯新路中走向了胜利。

以毛泽东同志为主要代表的中国共产党人不断地“敢闯新路”，创造了我党我军历史上的众多第一：土法上马，因陋就简，办起了我军第一所红军医院——茅坪红军医院，救治了大量伤病员；为培养下级军官和地方赤卫队指挥员，开办了第一所红军干部学校——龙江书院红四军军官教导队；为恢复和发展边界各县党组织提供经验，成立了边界第一个农村党支部——乔林乡党支部；趁敌人忙于军阀混战，攻克了茶陵县城，建立了边界第一个红色政权——茶陵县工农兵政府；在斗争中摸索并总结出我军最早的带有朴素游击战争战略战术性质的“十六字诀”；针对“八月失败”中党组织暴露出的缺点，开展了我党历史上的第一次整党运动——“九月洗党”，纯洁了组织，提高了战斗力；在大力开展土地革命的基础上，总结出我党最早的土地法——《井冈山土地法》；颁布了“三大纪律”、“六项注意”和“三大任务”，使之成为工农红军的基本法则，体现了我军军民一致、秋毫无犯的新型关系，明确了人民军队所肩负的任务、宗旨，成为我党建军原则的重要内容。

2012 年 11 月，习近平总书记在参观《复兴之路》展览时强调：“全党同志必须牢记，道路决定命运，找到一条正确的道路多么不容易，我们必须坚定不移走下去。”[①] 一百多年来，中国共产党人团结带

① 习近平．习近平谈治国理政．北京：外文出版社，2014：36.

领人民，一代接一代逢山开路、遇水搭桥，与时俱进、攻坚克难，打开新局面，开启新征程，走上中国特色社会主义道路，向着中华民族伟大复兴的光辉彼岸奋勇前进。

五、依靠群众

“黄洋界上炮声隆，报道敌军宵遁。”这是毛泽东在《西江月·井冈山》这首词中描写黄洋界保卫战情景的诗句。

黄洋界炮台

1928 年 8 月中下旬，毛泽东率领三十一团三营到湘南迎回红军大队。朱云卿带领三十一团一营和三十二团留守井冈山。国民党湘军和赣军共 4 个团准备对井冈山革命根据地进行第二次“会剿”，妄图乘虚摧毁井冈山革命根据地，并迫使我红军大队无法返回。8 月 29 日，湘军熊震、程泽润师的 3 个团进抵黄洋界下的源头、乔林村一线。30

日一大早，即向黄洋界发动进攻。由于地形限制，他们只能沿着唯一的山路，一个挨一个向上爬，呈鱼贯式散兵线匍匐前进。在行进途中，遭到砍倒的树木拦截，待移开树时，又不小心踩上了竹钉，痛得哇哇直叫，未开战即伤了不少，直至10时许才向上仰攻，山上的红军砍断绑住檑木滚石的藤条，无数大大小小的石块、长短粗圆的檑木“轰隆隆”飞滚而下，一时轻者皮破血流，重者筋断骨折，又是一两百人受伤丧命，一个个吓得魂飞魄散，直到下午才攻至山腰。当年参与指挥保卫黄洋界战斗的第一连副党代表刘型回忆说：“敌人一次、两次、三次、四次冲锋，都无非是送来武器，留下尸体。下午4时许，我们把二十八团留在茨坪修械厂修理的一门较好的迫击炮也抬来了，安放在我指挥阵地附近。我们向敌人发了三发炮弹，第三发正落在敌人的指挥所驻地——腰子坑爆炸了……敌人以为主力红军已经回到井冈山，吓得（连夜）逃之夭夭。”黄洋界保卫战是一场人民战争的奇观，创造了以少胜多的奇迹。由于敌我力量悬殊，守卫部队充分发动群众，进行阵地工事构筑。按照部署，各连排进入阵地后，利用晚上时间对原有的哨口进行了全面加固，在群众的帮助下，在大陇、茅坪两方向通往山上的小路上，筑起了五道防线：第一道是“竹木障碍”，即砍倒小路两旁树木，设置障碍，延缓敌军前进速度；第二道是“竹钉阵”，在两条小路两旁布满了带毒的竹钉；第三道是“陷阱”，深四五尺，布满竹钉；第四道是“檑木滚石”；第五道是石头筑就的工事掩体，这是全体军民同仇敌忾筑就的铜墙铁壁。这次战斗是边界名战之一，不仅保卫了我们最后的根据地，而且使敌人胆寒，不敢轻视红军。黄洋界保卫战的胜利是凭借山险和人民群众支持配合的结果。

依靠群众，是井冈山精神的法宝。把千百万人民群众组织团结在自己的周围，自觉地为千百万劳动人民的利益而奋斗，与人民群众保持最密切的联系，这就是中国共产党人特有的政治优势，也是中国共产党人在任何艰难困苦面前始终立于不败之地的根本保证。井冈山斗争时期，党和红军之所以能取得一个又一个胜利，使根据地在四周白色恐怖之中生存发展，根本原因就是以毛泽东同志为主要代表的中国共产党人，始终依靠群众、相信群众，真心实意地为群众谋利益，与人民群众建立起鱼水情深的血肉联系。《红军第四军司令部布告》明确宣称："红军宗旨、民权革命"，"革命成功、尽在民众"。毛泽东在论述小块红色政权为什么能够存在时，把"有很好的群众"作为第一要素。正是因为我们的党和军队始终与人民站在一起，始终将党的目标和人民群众的利益结合起来，才激励军民一心、同甘共苦、无所畏惧、勇往直前。

依靠群众，首要的是唤起工农千百万，让群众了解共产党、了解工农革命军。1927 年 9 月 29 日，工农革命军来到了永新县三湾村。三湾村几乎是个空村，老百姓一大早就全躲到山上去了。毛泽东得知这个情况后，下令在村外埋锅造饭，任何人不得进村歇息和乱拿东西。同时，派人向山上喊话，让群众安心回家。山上躲藏的群众，见这支队伍不进屋门、不抢东西，才相信是好人的队伍，陆续回村。随后，村中的党员和农会干部主动出面联络，为部队安排住处。三湾群众的回归，党组织的出面接头，让毛泽东看到了依靠群众的希望。

为维持得来不易的友好军民关系，1928 年 4 月 3 日，毛泽东正式颁布了"三大纪律、六项注意"。三大纪律：行动听指挥，不拿工人农民一点东西，打土豪要归公。六项注意：上门板，捆铺草，说话和气，买卖公平，借东西要还，损坏东西要赔。这是毛泽东创建井冈山革命根据地以来第一次全面完整地颁布"三大纪律、六项注意"。

1928 年，毛泽东等在总结分析湘赣边界土地革命的实际情况和经验教训的基础上，根据《中央通告第 37 号——关于没收土地和建立苏维埃》以及中央“六月来信”中关于土地政策的指示精神，经过两个多月的酝酿、讨论和修改，制定出井冈山《土地法》，于 12 月正式颁布。这是中国共产党历史上第一部土地法，推翻了几千年来封建土地所有制，使广大贫苦农民在较短时间内得到了看得见、摸得着的利益，成为土地的主人。当时一些老农民带领全家到分得的田里抓上一把土，热泪盈眶。当年井冈山留传的歌谣——“土地回老家，合理又合法，分了田和地，穷人笑哈哈，跟着毛委员，工农坐天下”，就是当时农民分田后高兴心情的真实写照。千百年来，缺田少地的贫苦农民，如今有了自己的土地，谁不欢天喜地，笑逐颜开，衷心拥护共产党，全力支持红四军呢？

正因为如此，当国民党军队向井冈山革命根据地发动第四次“进剿”时，为保卫土地革命的成果，红四军在七溪岭上与敌奋战，宁冈、永新的老百姓在当地党组织的一声召唤下，动员了近 2 000 人上阵，帮助红军运送子弹、抬运伤员、在煤油桶里燃放鞭炮、山上山下摇旗呐喊助威，军民团结一心，终于取得了战斗的胜利。一首“不费红军三分力，打败江西两只羊，真好，真好，快畅，快畅”的歌谣，生动地表达了广大民众对军队的真情实意。

100 多年来，中国共产党由弱到强，一步步走向胜利、走向辉煌，法宝就是依靠人民群众。毛泽东在《关心群众生活，注意工作方法》中提出：“我们现在的中心任务是动员广大群众参加革命战争，以革命战争打倒帝国主义和国民党，把革命发展到全国去，把帝国主义赶出中国去……因为革命战争是群众的战争，只有动员群众才能进行战争，只有依靠群众才能进行战争。”[①] 党的十九届六中全会进一步将“坚持人民至上”作为党百年奋斗的十条历史经验之一，指出，“党的最大政治优势是密切联系群众”[②]。

六、勇于胜利

赤橙黄绿青蓝紫，
谁持彩练当空舞？
雨后复斜阳，
关山阵阵苍。
当年鏖战急，
弹洞前村壁。
装点此关山，
今朝更好看。

——毛泽东《菩萨蛮·大柏地》

这首词中的“大柏地”，位于瑞金以北约 30 公里处，素有“瑞金北大门”之称。这里山高沟深，地势险要，利于打伏击战。1929 年，面对敌人对井冈山的第三次进攻，毛泽东等人在柏路会议上作出“围魏救赵”的计策，率红军主力 3 600 余人离开井冈山，向赣南进击。萧克率领二营且战且走，佯装败退，有意将来犯之敌引入大柏地布下的口袋阵。最终，国民党军刘士毅所部全部钻进了红四军的伏击圈，成了瓮中之鳖。

① 毛泽东．毛泽东选集：第 1 卷．2 版．北京：人民出版社，1991：136.
② 中共中央关于党的百年奋斗重大成就和历史经验的决议．北京：人民出版社，2021：66.

大柏地一战，彻底扭转了红四军主力离开井冈山后一个多月来的失败局面，愁云惨雾为之一扫，重振了红四军的雄风。这场被称为“红军成立以来最有荣誉之战争”，为红四军开辟中央革命根据地拉开了序幕，但荣光背后离不开烈士们的牺牲，一些年轻红军战士为了战斗胜利，长眠在这片土地。4年后的1933年6月，毛主席从宁都开完中央局会议、返回瑞金途经大柏地时，触景生情，感慨万千，写下了著名的《菩萨蛮·大柏地》一词。

勇于胜利，是井冈山精神的关键。在艰难困苦的条件下，井冈山军民不仅成功开辟了革命根据地并将其发展壮大，还将革命的星星之火播撒至神州大地的许多角落。是什么支撑着他们的革命斗志？勇于胜利的精神是关键所在。前进的道路被敌人封锁了，就在崇山峻岭、深山峡谷中开辟新的道路；部队被敌人包围了，就以钢铁般的意志实行突围；子弹打光了，就拼刺刀、抛石块，血战到底。在这一过程中，无数先烈英勇无畏，战死沙场。正是因为这种勇于胜利的革命大无畏精神，我们的革命事业才能从小到大，从弱到强，从胜利走向胜利。

七溪岭大捷，生动地体现和诠释了中国共产党人勇于胜利的革命精神、拼搏精神。当时，随着湘赣边界红色力量的壮大，国民党江西省政府主席朱培德开始坐立不安。他奉蒋介石之命，重新部署兵力，准备再次对革命根据地发动进攻。面对来势汹汹的敌人，毛泽东、朱德、陈毅在宁冈古城召开了连以上干部会议，详细制订了迎敌方案。会议决定采取声东击西的战略战术，由朱德、陈毅、王尔琢率领主力红军，在迎敌主战场新老七溪岭一带，利用有利地形，攻打来犯的敌人；其他部分队伍则佯装进攻湖南酃县以牵制湘敌或发动群众对敌骚扰。

七溪岭，又称梁公岭，山高林密，险峻异常，一左一右的新老七溪岭成为扼守根据地大本营的北方门户。进攻新七溪岭的国民党军杨池生第九师第二十七团，号称“江西最狠的部队”。敌人凭借优势的装备，以火炮开路，以机枪做掩护，以奖赏做动力，突破了我军第一道防线泰山亭，同时抢占了左侧山埂上的一个制高点车风口。而第一道防线和第二道防线仅500米之隔，朱德军长的指挥部就设在第二道防线的望月亭。危急关头，朱军长处乱不惊，临危不惧，面对蜂拥而上的敌军，断然抢过一挺“花机关枪”，亲自参战，一颗子弹将他的军帽打穿，也全然不顾。

新七溪岭的战斗打响不久，红二十八团与敌二十五、二十六团在老七溪岭也展开了激战。激战中，敌人疯狂扫射，密集的子弹不时从头顶飞过，每个人的生命都处于极端危险中，但是险情没有吓倒英勇无畏的战士，他们毫不退缩，也没有片刻犹豫，都义无反顾地冲向敌人，向敌人发起冲锋。

第三营营长萧劲始终是冲在最前面的一个，战士们在他英勇无畏精神的带动鼓舞下，士气高涨，义无反顾地向前猛冲。突然，萧劲感觉腹部疼痛难忍，他下意识地捂住腹部，手上感到了一股股热流，是肠子从他的指缝间涌了出来，腹部剧烈的疼痛使他无法直起腰身。可是阵地上的情形越来越危急，敌人依靠地形的优势，以密集的炮火如黑云压城般压下来，在猛烈的炮火中，身后的战士不断被击中。他不顾战士的劝阻，用力按住腹部，将肠子塞回腹腔内，撕下衣袖裹住腹部，继续带领战士冲锋。同伴们踏着营长的鲜血，将内心的悲痛化作强大的动力，勇猛地向敌人阵地冲去。战火延至中午，终于拿下了制高点，但萧劲却倒下了。

新老七溪岭正面战场的胜利，加之外线、地方武装和群众的配合打击，迫使“进剿”总指挥杨池生连夜撤出永新，退回吉安。龙源口大捷后，红四军乘胜三占永新，彻底粉碎了赣敌对井冈山革命根据地的第四次“进剿”。

在井冈山斗争两年零四个月的时间里，有 4.8 万余人牺牲，这意味着平均每天有近 60 人献出宝贵的生命，而有名有姓被镌刻在纪念碑上的有 15 744 人。其中，有被毛泽东评价“为革命保留了火种”的秋收起义总指挥卢德铭；有立下誓言“革命不成功，不剃头、不刮胡子”的王尔琢；有在刑场上慷慨陈词、被敌人割掉舌头的刘仁堪；有掩护村民安全转移后宁死不屈的谢甲开；有抱住敌人跳下悬崖的吴月娥……“青山处处埋忠骨，何须马革裹尸还。”数不清的无名英雄，生动地展现了工农革命军面对困难不畏惧、面对危险不退缩、顾全大局牺牲小我、顽强奋斗、战胜强敌的宝贵品质。

井冈山的革命斗争虽然已经远去，但井冈山精神跨越时空、历久弥新，已经深深地熔铸到中华民族的精神血脉之中，成为新征程上激励全国各族人民敢于斗争、敢于胜利的强大精神动力。

井冈山是革命的山、战斗的山，也是英雄的山、光荣的山。井冈山时期留给我们最为宝贵的财富，就是跨越时空的井冈山精神。船到中流浪更急、人到半山路更陡。面对世界百年未有之大变局，面对更加复杂严峻的风险考验，广大青少年要结合新的时代条件，传承和弘扬“坚定信念、艰苦奋斗、实事求是、敢闯新路、依靠群众、勇于胜利”的井冈山精神，让井冈山精神放射出新的时代光芒。传承和弘扬井冈山精神，就是要树立科学的世界观和方法论，把理想信念作为照亮前路的灯、把准航向的舵，坚定对马克思主义的信仰、对中国特色社会主义的信念、对实现中华民族伟大复兴中国梦的信心；就是要保持艰苦奋斗的本色，保持初生牛犊不怕虎、越是艰险越向前的冲劲儿，从温室中走出来经历风雨，从暖巢中飞出来搏击长空，打造铮铮铁骨，永葆奋斗激情，自觉承担起时代赋予的光荣使命，积极托举起民族复兴的伟大梦想，争做堪当时代重任的有为青年；就是要坚持一切从实际出发，解放思想、开拓进取，广泛学习各种理论知识，积极参加各种社会实践，善于用创新思维富有创造力地解决学习工作生活中遇到的各种难题，不断提高自身综合素质，锤炼过硬的本领，在服务社会、报效国家中书写人生精彩篇章；就是要善于在危机中育先机，于变局中开新局，保持战略定力，坚持问题导向，准确识变、科学应变、主动求变，抓住机遇，应对挑战，趋利避害，奋勇前进，以更大的历史担当去争取更大的时代作为；就是要从党坚持为了人民、依靠人民而取得的伟大成就中，深刻体会听党话、感党恩、跟党走的重大意义，胸怀祖国、心系苍生，激发爱党爱国的热情和为民奉献的情怀，自觉将自己的人生价值融入报效国家、奉献社会、服务人民的伟大事业中；就是要发扬斗争精神，勇于攻坚克难，面对困难能够迎难而上，面对危机挑战能够挺身而出，提高斗争本领，准确把握方向，在复杂严峻的斗争中经风雨、见世面、壮筋骨，争做敢想敢为又善作善成的新时代好青年。

第三章 苏区精神

在革命根据地的创建和发展中，在建立红色政权、探索革命道路的实践中，无数革命先辈用鲜血和生命铸就了以坚定信念、求真务实、一心为民、清正廉洁、艰苦奋斗、争创一流、无私奉献等为主要内涵的苏区精神。这一精神既蕴涵了中国共产党人革命精神的共性，又显示了苏区时期的特色和个性，是中国共产党人政治本色和精神特质的集中体现，是中华民族精神新的升华，也是我们今天正在建设的社会主义核心价值体系的重要来源。

——习近平：《在纪念中央革命根据地创建暨中华苏维埃共和国成立 80 周年座谈会上的讲话》，《人民日报》2011 年 11 月 5 日第 3 版苏区是土地革命时期建立的苏维埃政权区域的简称。1927 年大革命失败后，中国共产党人没有在挫折面前气馁，而是勇敢地领导发动了土地革命和反抗国民党统治的武装斗争，开辟了农村革命根据地。1931 年 11 月，中华苏维埃第一次全国代表大会召开，大会成立了中国历史上第一个全国性的工农民主政权——中华苏维埃共和国临时中央政府。在毛泽东、朱德、周恩来等人的带领下，中央苏区和其他苏区不断发展壮大。中国共产党领导根据地军民开展了轰轰烈烈的土地革命，开展了政权建设、经济建设、思想文化建设和社会建设等各方面的工作，沉重地打击了国民党的统治，并在这一斗争过程中形成了宝贵的“苏区精神”。

2011 年 11 月，习近平在讲话中指出，在革命根据地的创建和发展中，在建立红色政权、探索革命道路的实践中，无数革命先辈用鲜血和生命铸就了以坚定信念、求真务实、一心为民、清正廉洁、艰苦奋斗、争创一流、无私奉献等为主要内涵的苏区精神。这一精神既蕴涵了中国共产党人革命精神的共性，又显示了苏区时期的特色和个性，是中国共产党人政治本色和精神特质的集中体现，是中华民族精神新的升华，也是我们今天正在建设的社会主义核心价值体系的重要来源。

中华苏维埃共和国临时中央政府旧址

一、坚定的共产主义理想信念

理想信念是一个国家、民族和政党团结奋斗的精神旗帜，“历史的胜利和成功，永远属于具有崇高理想、坚定信念的艰苦奋斗的人们”。苏区广大干部群众正是怀着对共产主义的坚定理想，同国民党反动派和恶劣的外部环境进行着长期而艰苦的斗争。坚定的共产主义理想信念是苏区精神的灵魂和旗帜。

赣东红军和革命根据地的创建人方志敏，在1935年革命陷入困境时不幸被捕。抓到了共产党的“高官”，国民党政府喜出望外，蒋介石派出众多高官要员妄图以高官厚禄诱降方志敏。方志敏不为所动，正义凛然地回答道：“我们军事上是暂时失败，政治上是不会失败的。我们一定会胜利，共产主义一定要在中国实现的！”1935年8

月 6 日，方志敏被国民党当局枪杀于南昌下沙窝，时年 36 岁。在他的遗著《死！——共产主义的殉道者的记述》中这样记载着一位共产主义战士的坚定理想信念：为着阶级和民族的解放，为着党的事业的成功，我毫不稀罕那华丽的大厦，却宁愿居住在卑陋潮湿的茅棚；不稀罕美味的西餐大菜，宁愿吞嚼刺口的苞粟和菜根；不稀罕舒服柔软的钢丝床，宁愿睡在猪栏狗窝似的住所！一切难于忍受的生活，我都能忍受下去！这些都不能丝毫动摇我的决心，相反地，是更加磨炼我的意志！我能舍弃一切，但是不能舍弃党，舍弃阶级，舍弃革命事业。

为了探索中国革命道路，党的早期领导人瞿秋白献出了自己宝贵的生命。在腥风血雨的白色恐怖年代，面对敌人的追捕，瞿秋白常对妻子杨之华说："我俩既然搞革命，被捕是很难免的，革命难免有牺牲。"1934 年，在去中央苏区前，瞿秋白又说："我们一起为共产主义理想奋斗，被捕牺牲是意料中的事，你还记得广东周文雍、陈铁军夫妇一同英勇上刑场的照片吗？即使我们不能共享胜利的喜悦，这样牺牲也是无上幸福的。"1935 年被捕后，瞿秋白仍然有生存的机会，国民党的要求也不"高"：可以不公开反共，可以担任大学教授，也可以做编译工作，等等。但瞿秋白不愿为屈辱地生存而变节，他对诱降者说："孔子云：朝闻道，夕死可矣。我不但闻了共产主义世界大同之道，而且看到越来越多的人拥护它。秋白纵然一死，何足惜哉！"赴刑前，他又对前来诱降的国民党军官说："人爱自己的历史，比鸟爱自己的翅膀更厉害，请勿撕破我的历史。"最后他以俄语高唱《国际歌》，从容就义。他的生死观体现了一个共产主义者的理想信念和献身精神。

瞿秋白

在庆祝中国共产党成立 95 周年大会上，习近平总书记重温了方志敏在就义前的慷慨陈词：“敌人只能砍下我们的头颅，决不能动摇我们的信仰！”习近平总书记把理想信念比喻为共产党员精神之“钙”，强调：“坚定理想信念，坚守共产党人精神追求，始终是共产党人安身立命的根本。对马克思主义的信仰，对社会主义和共产主义的信念，是共产党人的政治灵魂，是共产党人经受住任何考验的精神支柱。”“我们一定要铭记烈士们的遗愿，永志不忘他们为之流血牺牲的伟大理想。”

二、勇于探索的求真务实精神

求真务实是辩证唯物主义和历史唯物主义的鲜明特征，是坚持马克思主义科学世界观和方法论的本质要求。苏区时期，以毛泽东同志为主要代表的中国共产党人，坚持“没有调查，就没有发言权”，深入实际调查研究，把马克思主义和中国革命实践相结合，走出了一条农村包围城市、武装夺取政权的中国特色革命道路。求真务实是苏区精神的本质和特色。

1930 年 2 月，红四军前委、军委和赣西特委在吉安召开联席会议，通过了《土地法》。赣西南《土地法》颁布后，赣西南苏区土地改革全面启动。如何处理土地革命与工商业以及富农问题，是红四军和地方苏维埃政府亟待解决的问题。要想解决好这一问题，必须深入工商业和农村进行广泛调查和深入研究，找出症结所在，形成科学系统的认识。

为此，1930 年 5 月，毛泽东来到寻乌，对寻乌的工商业和农村富农问题做了一次全面调查。毛泽东仔细考察了寻乌县城，并专门把两位熟悉当地情况的老先生邀请到自己住所，虚心向他们请教。为了更全面地了解情况，他还组织了多次调研会，要求参加调研会的人员“是能深切明了社会经济情况的人”。在座谈会上，毛泽东深入细致地向大家提出问题，诚心向大家请教。调查会开了近 20 天，毛泽东不仅对寻乌县 21 个行业、131 家大小商店的历史、现状及其主人的政治态度了然于心，而且将寻乌县 7 个区 21 户大地主、111 户中地主的剥削形式、剥削手段及压迫群众和反对革命的行为了解得清清楚楚。

除了开座谈会外，他还与群众一起劳动，进行田间调查。有一次，他从住地到县城，在路上看到有人正在拔草，便脱掉鞋子，挽起裤子和衣袖，帮助老乡干活。中午休息时，毛泽东和老乡一边喝茶一边拉家常。毛泽东详细询问了村里有多少户人家，主要姓什么；村里有几户贫雇农，几户土豪劣绅；耕田的有多少人，做手艺的有多少人；参加红军和赤卫队的有多少人；土地分配时，每个人分了多少田，红军有没有留公田，有没有派人耕种；等等。

经过20多天的调查，毛泽东做了十几万字的调查笔记，掌握了大量丰富的材料。寻乌调查是毛泽东第一次进行的系统、全面的大规模社会调查。后来，毛泽东在古柏的协助下，将寻乌调查笔记及搜集到的材料，整理成8万多字的调查报告《寻乌调查》。《寻乌调查》详细记载了寻乌的政治、交通、商业、旧有土地关系及土地革命斗争情况等。在对寻乌土地关系和各阶级各阶层调查研究的基础上，毛泽东提出了“依靠贫雇农、团结中农、限制富农、保护中小工商业者、消灭地主阶级”的土地革命路线。

习近平在《谈谈调查研究》中，对毛泽东寻乌调查做了高度评价：“毛泽东同志1930年在寻乌县调查时，直接与各界群众开调查会，掌握了大量第一手材料，诸如该县各类物产的产量、价格，县城各业人员数量、比例，各商铺经营品种、收入，各地农民分了多少土地、收入怎样，各类人群的政治态度，等等，都弄得一清二楚。这种深入、唯实的作风值得我们学习。”

三、一心为民、清正廉洁的执政理念

全心全意为人民群众谋利益，是中国共产党的根本宗旨和价值追求。苏维埃政权作为新生的国家政权，不仅是工农劳苦大众自己管理自己生活的机关，而且代表了工农劳苦大众的利益，践行一心为民的执政理念。“苏区干部好作风，自带干粮去办公，日着草鞋干革命，夜打灯笼访贫农。”这首脍炙人口、广为传唱的歌谣，是对苏区干部“一心为民、清正廉洁”执政理念的最精练概括。

1934 年 3 月，在第五次反“围剿”战争的关键时期，政府财政十分紧张。为减轻苏区政府负担，中央机关报《红色中华》发出倡议，要求分了田的政府工作人员，自备伙食一个月；没有分田的工作人员，如果家里有钱的也可以自备伙食。这个消息发布后，中央政府土地部副部长、代理部长胡海第一个带头报名响应。他写信回家，请家里人送一个月伙食来。在胡海的带头下，中央机关很多同志纷纷报名自带伙食上班。3 月 24 日，中央劳动部、土地部、司法内务部及反帝拥苏总同盟等机关的工作人员，都自带伙食办公。

在中央机关的推动下，省、县、乡等机关工作人员也纷纷响应号召，自带伙食办公。1934 年 4 月，江西省苏维埃主席、苏维埃中央执行委员会委员刘启耀，在省苏维埃政府机关干部的民主生活会上，向大家宣布：“为了节省粮食，支援战争，我从 4 月份开始自带粮食办公，直到粉碎敌人的第五次‘围剿’为止。”此后，刘启耀每天都自己带着米和菜到省苏维埃机关上班，不要公家发的伙食费。他的妻子实在看不过眼，笑话他说：“你是省主席，连一口都弄不到吃。”还说：“老公老公，饭要我供。”刘启耀笑笑说：“现在革命没有成功，政府财政困难，需要你来供，等到革命成功了，吃穿不愁。”听到丈夫的话，他的妻子也不再有什么怨言，还主动把米送到苏维埃机关。在刘启耀的带领下，江西省苏维埃政府工作人员也不再领取政府伙食费。

1933 年 7 月，兴国县在全苏区发出倡议，凡是家在苏区的干部都自带伙食办公。兴国县的倡议发出后，公略、万太、赣县、瑞金等县继起响应，很快扩展到全苏区，“自带饭包”蔚然成风，在群众中产生了强烈反响。江善忠担任乡苏维埃政府主席后，坚决不拿工资、不吃公粮，办公时都是从家里带饭来吃。有一天，他背着干粮袋回家取米，发现母亲身体不好，又恰逢妻子刚生完小孩，母亲把家里仅有的两升米倒给他。临走时，江善忠不忍心，又偷偷把米倒回去，自己回到乡苏维埃机关，一边挖野菜充饥，一边坚持工作。

毛泽东指出："共产党员是一种特别的人，他们完全不谋私利，而只为民族与人民求福利……他们不论遇着何事，总是以群众的利益为考虑问题的出发点，因此他们就能获得广大人民群众的衷心拥护，这就是他们的事业必然获得胜利的根据。""自带干粮去办公"真正体现了苏区政府工作人员艰苦创业、一心为民的高尚情怀。这种精神是苏区革命斗争实践的产物，是中国共产党的宝贵精神财富，是值得我们今天认真思考和学习的。

四、艰苦奋斗、争创一流的革命热情

艰苦奋斗是党的优良传统，是我们战胜种种困难不断前进的力量源泉。争创一流、创造一等工作，既是共产党人在苏区时期精神世界的反映，也是广大群众对待工作的一种基本境界。在中央苏区的各项建设中，在毛泽东、朱德、周恩来等领导人言传身教影响下，广大苏区干部都自觉发挥先锋模范作用，发扬锐意进取、勇于开拓、争创第一的革命精神，涌现出了许多各方面工作都取得优异成绩的模范县、乡，成为蜚声苏区的楷模。

苏区时期，兴国县各级党员干部在工作中处处起模范带头作用，创造了党员干部政治学习带头、军事训练带头、执行勤务带头、参军参战带头、遵纪守法带头、购买公债带头、节省粮食带头、优待红属带头、发展生产带头、移风易俗带头的"十带头"。在党员干部带头作用下，兴国县成为土地革命的模范、扩大红军的模范、支前参战的模范、经济建设的模范和教育工作的模范。

1929年4月，毛泽东率领红四军来到兴国县。在兴国潋江书院，他制定了兴国县《土地法》。兴国县革命委员会成立后，在城冈、鼎龙、东村等地开始进行土地革命。1930年3月，赣西南《土地法》颁布后，兴国又率先在全县范围内进行第一次分土地。中央苏区实行“抽多补少，抽肥补瘦”原则后，兴国县又立即实行第二次土地改革。毛泽东听到这个消息非常高兴，称赞兴国县是土地革命的先进区域。

1930年8月，毛泽东提出扩大红军。陈毅根据毛泽东要求迅速组织队伍，进行“扩红”工作。兴国县就马上组织了3个红军独立团。1932年，临时中央政府发出“扩红”训令，兴国县在3个月时间内就成立了工人师、少共国际师和模范师。其中，工人师和少共国际师共计3 000多人，模范师5 000多人。1933年5月，模范师5 000多人整师加入红军开赴前线。兴国“扩红”工作得到了江西省委高度肯定，成为扩大红军的模范区域。

大量青壮年参军上前线以及反“围剿”战争给农业生产带来了很大的冲击和破坏。兴国县委和苏维埃政府积极采取措施，解决农业生产中的劳动力、耕牛、肥料、种子等困难。他们先后组织了耕田队、劳动互助组、耕牛合作社等。据《红色中华》不完全统计，截至1934年4月，江西兴国县组织劳动互助社1 206个，社员2万多人。同时，兴国县还组织妇女参加生产劳动，开展劳动竞赛，实行多种经营，尽可能减少战争给生产带来的影响。1933年，兴国县粮食生产不但没有减少，反而增加了20%。由于连年增产，中央政府把兴国县作为苏区经济建设的模范。

1933年6月，由于军粮紧张，临时中央政府紧急动员苏区群众借谷 24 万担，分配给兴国县的任务是 1.2 万担，兴国县超额完成任务，借谷 2 万多担。7 月，中央政府再次向群众借谷 60 万担，分配给兴国县 5 万担的任务，最后兴国县完成了 5.1 万多担。《红色中华》特地对兴国县推销公债和节省运动的成绩做了报道："自告奋勇推销公债，兴国是全苏区模范县"，兴国县也是"节省数目最多的一个县"。此外，兴国县的优待红军家属工作也很突出，得到中央苏区政府高度称赞。中央苏区政府号召各地都要来兴国县学习经验。

尽管处于战争时期，但兴国县仍然高度重视教育。1934 年 1 月，全县开办列宁小学 427 所，在校学生 1.2 万人。开办识字总会 130 多个、分会 560 多个、识字小组 3 000 多个，扫盲和社会教育办得红红火火，卓有成效。中央政府教育部特地为兴国县政府颁布"教育工作的模范"称号。

兴国县各项工作做得如此出色，引起了中共中央和中央政府的重视。周恩来曾经在中央苏区一次会议上说："中国外国不如兴国，南京北京不如瑞金。"1934 年 1 月，在中华苏维埃共和国第二次全国工农兵代表大会上，毛泽东称赞道："兴国的同志们创造了第一等的工作，值得我们称赞他们为模范工作者。"

苏区时期，广大党员干部克服重重困难，以一往无前的进取精神，艰苦奋斗、争创一流，创造了出色的工作业绩。苏区广大党员干部不仅是倡导者、开创者，而且是积极的参与者、实践者，形成一种革命力量、一种革命品质、一种革命精神。这种力量、品质、精神不仅集中体现了中国共产党人在工作上的高标准、严要求，而且折射出中国共产党人对待革命的基本态度，展示了中国共产党人的崇高价值追求。

五、为了革命无私奉献的优秀品质

为人民而奋斗的无私奉献精神，体现了马克思主义政党的政治品格，是中国共产党最可宝贵的精神财富。由于共产党和苏维埃政府真心实意地为群众谋利益，苏区群众真心实意地拥护革命、拥护苏维埃，无私地将一切奉献给革命、奉献给红军、奉献给苏维埃。

1929 年，闽粤赣三省国民党军队对闽西进行“会剿”。为了粉碎国民党的军事“围剿”，才溪乡进行第一次“扩红”。才溪乡发坑村的林攀信有三个儿子，长子林金堂，次子林金森，三子林金香。由于名额有限，为了能当上红军，三兄弟都想方设法做另外两个兄弟的思想工作，但争论了半天，还是没人肯相让。最后，经乡苏维埃政府批准，林金香最先当了红军。后在执行任务时，林金香不幸牺牲。第二年，乡里又进行“扩红”，林金森终于实现了当红军的愿望。1930 年的一天，林金森在攻打碉堡时壮烈牺牲。1933 年，林家唯一剩下的林金堂又毅然加入了红军。由于繁忙的工作和艰苦的生活，林金堂也于 1938 年不幸病逝。人们感怀林家对革命事业的无私奉献，把他们称为“红色三兄弟”。

这样的事例还有很多，前仆后继踊跃参军成为当时的一个奇观。中央苏区有一户农民家庭，共有兄弟八个，全体报名参加红军。“扩红”运动得到了苏区群众的大力支持，到处出现母送子、妻送郎当红军的感人场面。苏区老干部廖盛章在回忆黄陂区的“扩红”情形时说：“苏区时期提出‘扩大铁的红军一百万’，各种革命组织都召开会议，开群众大会，宣传动员民众当红军。那时到处都是标语，到处都是唱山歌。大家都做思想工作，父母动员儿子，老婆宣传老公，弟弟动员哥哥，有的人在田里做着农活就走了。当地青年的决心很大，好多青年主动要去当红军，打倒国民党，保卫苏维埃。”1932 年，江西宁都黄陂区群众整排整连地去当红军，一个村出一个排，一个乡出一个连。

聂荣臻曾说：“中央苏区人民为中国革命做出了重大的牺牲和贡献，他们向红军输送了大批优秀儿女，红军战士大多来自江西和福建。”从 1933 年 2 月到 1934 年 9 月，中央苏区总人口 2 414 172，参加红军的有 331 242 人，占总人口的 13.7%，革命烈士108 182 人。以兴国县为例，当时全县总人口约 23 万，参加红军的约 5.5 万，24%的兴国人参加了红军。

在中央政府发出“借谷运动”后，苏区民众热烈响应。长汀县策田区下江乡的妇女指导员胡定借谷 60 担，除了把自己一年的收成 30 多担谷子全部借出外，还将家里饲养的猪卖掉，买来谷子借给红军。在她的影响下，全乡群众争先恐后地借谷给红军。1934 年 6 月 5 日的《红色中华》报道，苏区民众先后给政府借谷 24 万多担。苏区民众为节约粮食来支援红军，勒紧裤带，改一天三餐为两餐，改吃干饭为喝稀饭，改吃米饭为杂粮、主粮混吃。许多苏区民众尽量吃蔬菜以节省粮食，蔬菜不够吃的时候，就挖野菜。

在烽火连天的斗争岁月，革命先烈用自己的鲜血谱写了苏区精神的壮丽诗篇。正因为苏区精神的鼓舞与激励，苏维埃政权才得以巩固和发展。历史风云虽已远去，但苏区精神历久弥新。苏区精神“是中国共产党人政治本色和精神特质的集中体现，是中华民族精神新的升华，也是我们今天正在建设的社会主义核心价值体系的重要来源”。苏区精神所彰显的崇高理想信念、求真务实精神、清正为民情怀、艰苦奋斗作风、无私奉献品格，都值得广大青少年认真学习。面对中华民族伟大复兴的光荣使命，面对国内外形势的深刻变化，广大青少年要从苏区精神中不断汲取营养，正确认识苦和乐、得和失的关系，坚定共产主义远大理想，坚定中国特色社会主义信念，发扬爱国主义和集体主义精神，自觉增强为党和人民事业无私奉献、艰苦奋斗的自觉性和坚定性，自觉成长为中国特色社会主义事业的建设者和接班人。

第四章

长征精神

伟大长征精神，就是把全国人民和中华民族的根本利益看得高于一切，坚定革命的理想和信念，坚信正义事业必然胜利的精神；就是为了救国救民，不怕任何艰难险阻，不惜付出一切牺牲的精神；就是坚持独立自主、实事求是，一切从实际出发的精神；就是顾全大局、严守纪律、紧密团结的精神；就是紧紧依靠人民群众，同人民群众生死相依、患难与共、艰苦奋斗的精神。

——习近平：《在纪念红军长征胜利80周年大会上的讲话》，《人民日报》2016年10月22日第2版

1933 年 9 月，国民党军大举进攻黎川，针对中央苏区的第五次“围剿”拉开战幕。中央苏区的反“围剿”战争继续实行“左”倾冒险主义的战略指导，导致红军作战节节失利。经过一年之久的英勇抵抗和浴血奋战，广大红军指战员付出了惨重代价，仍未能挫败敌人的进攻。1934 年 10 月，中央红军离开江西瑞金被迫实行战略性转移，从此开始了著名的长征之路。在长达两年的时间里，英勇的各路红军走过荒无人烟的草地，翻过连绵起伏的雪山，飞渡波涛汹涌的江河，脚步遍布 14 个省份，在敌人的围追堵截下行军总里程达65 000 余里，先后创造了四渡赤水河、巧夺娄山关、再占遵义城、强渡大渡河、翻越夹金山、穿过沼泽地、抵达吴起镇、告捷直罗镇等可歌可泣的人间奇迹。1936 年 10 月 9 日，红四方面军指挥部到达甘肃会宁，同红一方面军会合。22 日，红二方面军指挥部到达甘肃隆德将台堡（今属宁夏回族自治区），同红一方面军会合。至此，三大主力红军胜利会师，伟大的长征胜利结束。

万里长征是中国共产党领导中国人民和军队进行英勇斗争的伟大壮举，它不仅绘就了翻越崇山峻岭、蹚过草地沼泽等一幅幅鲜活的历史画卷，还孕育了不朽的长征精神。这种精神就是把全国人民和中华民族的根本利益看得高于一切，坚定革命的理想和信念，坚信正义事业必然胜利的精神；就是为了救国救民，不怕任何艰难险阻，不惜付出一切牺牲的精神；就是坚持独立自主、实事求是，一切从实际出发的精神；就是顾全大局、严守纪律、紧密团结的精神；就是紧紧依靠人民群众，同人民群众生死相依、患难与共、艰苦奋斗的精神。伟大长征精神，作为中国共产党人的红色基因和精神谱系的重要组成部分，已经深深融入中华民族的血脉和灵魂，成为社会主义核心价值观的丰富滋养，成为鼓舞和激励中国人民不断攻坚克难、从胜利走向胜利的强大精神动力。

一、坚定革命的理想和信念

坚定革命的理想和信念、坚信正义事业必然胜利是红军长征取得伟大胜利的力量源泉。崇高理想、坚定信念，就要坚定跟着共产党打天下的信心和决心。

夹金山是一座海拔 4 000 多米高的大雪山，横亘于四川西部的宝兴与懋功交界处，山岭逶迤，终年积雪，空气稀薄，号称“生命禁区”。在翻越夹金山时，年仅 19 岁的谢振华带收容队的同志走到一个避风的斜坡处，看见有十来个掉队的干部战士围着一堆燃尽的木炭坐着不动。他就过去喊他们赶快走，但他们一个个却像雕塑似的毫无反应。原来，他们已经牺牲。这是因为雪山上本来就空气稀薄，战士们围在一起烤火取暖又消耗了许多氧气，结果因缺氧而牺牲。70 多年后，90 岁的老将军谢振华回忆道：“本来行军就累得要命，而收容队员的任务更为艰巨。说实在的，那时，我的身体也挺不住了，但我还是咬紧牙关。雪山的天气像猴子的脸，说变就变。刚才天气还好好的，万里无云，顷刻间就狂风大作，有几个战士被吹出十几米远，接着雪和冰雹铺天盖地而来。在这种情况下，我一边鼓励大家，一边搀扶着战士一步一步向前挪动。”是什么力量支撑他们挺过艰难岁月？老将军说：“是对革命的信仰，人不能没有信仰。在爬雪山、过草地的路上，我们红军战士之所以能够坚持过来，就是我们认为吃这种苦，是为了受苦受难的老百姓的翻身解放，相信跟着共产党，为人民打天下，一定会胜利。没有这种信念，是不可能走完二万五千里长征的。”

红军长征翻越夹金山

长征路上不仅要克服恶劣的自然环境，还要与凶残的敌人进行无数场大大小小的战斗，在每一场战斗中，红军官兵都把党和人民的利益放在首位，把自己的生死置之度外，用鲜血和生命诠释了革命理想和信念。在夺取娄山关的战斗中，红三军团第十二团政委钟赤兵右腿骨头被打断，做了截肢手术。伤口还未愈合，他就坚决要求跟随大部队行走，路上伤口时常发炎、剧烈疼痛，豆大的汗珠直往下掉，有时实在难以拄拐通过，就在地上爬着走。他说，就是爬也决不离开红军！正是靠着革命的英雄主义精神和坚韧不拔的毅力，他拖着一条腿走完了长征路。

战争从来没有让女性走开。在艰苦卓绝的长征途中，2 000 多名红军女战士怀着对革命事业的赤胆忠心，以女性特有的韧性，在枪林弹雨中出生入死，与生命极限进行顽强抗争。恶劣的自然条件和严重匮乏的物资，让这些红军女战士的性别意识越来越淡。为了伪装和方便清洗，许多红军女战士剪掉长发，剃成光头，与红军男战士同吃同住同行。最令红军女战士头痛的莫过于遭遇生理期，尽管腹部绞痛、两腿发抖，但红军女战士们捂着肚子一步步往前挪，不停地赶路。许多红军女战士牺牲在战斗中，倒在行军路上。有幸走完长征、最终见证新中国诞生的人，也或因长期劳累、营养不良，导致终生不育；或因行军不便，不得已将在战火中诞生的至亲骨肉遗弃，一辈子生活在思念和愧疚当中。然而，历史岁月沉淀了她们以苦为乐的革命乐观精神和革命必胜的信念，使她们成为战争年代的“女神”。

二、不畏任何艰难险阻、不惜付出一切牺牲

一条长征路，走出了一支越战越强的红军队伍，展现了红军无坚不摧的战斗力量，形成了党和红军不怕艰难险阻、不惜付出一切的牺牲精神。

泸定桥位于四川省泸定县，是一座著名的铁索桥。桥长 100 多米，宽 3 米，由 13 根碗口粗的铁链组成。上面铺着厚木板，构成通行的桥面；桥下是汹涌咆哮的河水，滔滔不绝。在红军到达的时候，

桥上的木板已经被敌人抽掉了，只剩下光溜溜的铁链。为了保证红军主力安全过河，由 22 名勇士组成的“夺桥突击队”率先冲上桥，他们手持冲锋枪，背插马刀，腰缠手榴弹，冒着敌人的枪林弹雨，用两只手交替抓住铁链，摇摇晃晃地向前移动。中枪的战士倒下了，被湍急的河水吞没，但英勇无畏的红军却一个个补充上来，不断向敌人扔出手榴弹。同时，后续部队则一边铺木板一边跟进。红军行动如此迅捷，作战如此英勇无畏，把敌人吓得慌了手脚，枪也打不准，最后仓皇逃跑。红军突击队穿过熊熊烈火，迅速消灭守桥之敌，成功攻占泸定城。红军吃不饱，穿不暖，没有精良装备，光着脚竟然比敌人的现代交通工具跑得还快！他们在战争中以弱胜强、以少胜多，在生与死的考验中，战胜各种艰难险阻，形成了为国为民，不怕任何艰难险阻、不惜付出一切牺牲的精神。

“红军不怕远征难，万水千山只等闲。”长征是一次艰难的战略转移，红军在中国共产党领导下先后跨越了近百条江河，其中包括赣江、湘江、乌江、大渡河、金沙江等激流汹涌的著名大川；征服了约 40 座名山险峰，其中包括 20 余座海拔 4 000 米以上的皑皑雪山；穿过了被称为“死亡陷阱”的茫茫草地。长征是艰苦的冒险，长征是人类的勇气与怯懦、胜利与失败的搏斗，它的胜利离不开红军坚定不移的勇敢精神，离不开坚定的政治信念和不屈不挠的精神。毛泽东为延安抗日军政大学题词并指出：在共产党与红军面前，一切普遍所谓困难是不存在的，最严重的困难也能克服，红军在世界上是无敌的。

爬雪山、过草地，今天已成为人们体验长征精神的重要方式。然而，70 多年前红色大军的雪山草地之行，无疑是人类历史上最悲壮的死亡行军。张闻天的夫人刘英在回忆录中说，红军过草地的牺牲最大，这七个昼夜是长征中最艰难的日子。走出草地后，我觉得是从死亡世界回到了人间。红军过的草地主要是现在的川西北若尔盖地区。它位于阿坝藏族羌族自治州东北部，青藏高原东部边缘地带，平均海拔 3 400 米以上。茫茫草地，遍地是水草沼泽泥潭，根本没有路，一不小心就会踩着草甸陷进泥沼，被污泥吞没。老红军胡绵弟亲眼看见班里一个战士陷下去，立即伸手拉他的另一个战士也跟着陷下去，速度很快，眼看泥浆就要没住脖子了，最先陷进去的战士用尽最后的力气，摘下军帽挥了两下，告别战友……如果再赶上天黑下雨，饮食难、露营难、路途险更是增加了红军过草地的难度，许多战士献出了年轻宝贵的生命。晚上露宿时，掉队的同志三五人一伙背靠着背休息。第二天，收容队的同志去叫他们时，一推一摸，他们的身体已完全冰冷僵硬，他们就以这样的睡姿离开了这个世界。特别是在快走出草地的最后两天，像这样静静地长眠在草地上的多达几十人。鸟兽绝踪的大雪山，荒无人烟的水草地，究竟吞噬了多少勇士，至今也没有一个确切的数字。长征红军依靠团结互助的高尚情操，依靠坚韧不拔的钢铁意志，依靠乐观进取的革命精神，依靠对理想信念的执着追求，在亘古荒原上谱写了不怕困难、视死如归的慷慨悲歌。

三、坚持独立自主、实事求是

长征途中，中国共产党从实际出发，独立自主地运用马克思主义基本原理解决了思想路线、方针政策等问题，从而拨正了革命航向，引导中国革命不断取得胜利。

1934 年 12 月 20 日，在贵州黄平县境内一片茂密的橘树林里，行军休息中的王稼祥和张闻天头靠头躺着，忧心忡忡地议论着当前的形势。王稼祥问张闻天：红军最后的目标，中央定在什么地方？张说，没有一个确定的目标。又说，这仗这样打看起来不行，还是要毛泽东出来，毛泽东打仗比我们有办法。王稼祥当天晚上就打电话把张闻天的想法告诉彭德怀，然后又告诉毛泽东。消息在刘伯承等几位将领中一传，大家都赞成开个会，让毛泽东出来指挥。之前，博古不懂军事，完全依靠不懂中国国情的李德，采取了错误的战略战术，导致红军遭受重大损失。在中国革命几乎陷入绝境的情况下，以毛泽东同志为主要代表的中国共产党人，从中国国情出发，开始了独立自主解决问题的尝试。

1935 年 1 月 15 日至 17 日，中共中央政治局在遵义召开扩大会议。会上，张闻天按照会前与毛泽东、王稼祥商量的意见，做了批评"左"倾军事错误的报告，比较系统地批评了博古、李德军事指挥上的错误。毛泽东接着做了长篇发言，对博古、李德军事指挥上的错误做了切中要害的分析和批评，并阐述了中国革命战争的战略战术问题和此后在军事上应采取的方针。遵义会议的胜利召开，表明中国共产党完全具备独立自主解决中国革命问题的能力，标志着中国共产党在政治上走向成熟。遵义会议挽救了红军，挽救了革命，翻开了中国共产党独立自主探索中国革命道路的新篇章，使马克思主义同中国实际相结合进入了新的阶段。从此，独立判断形势、独立做出决断、独立解决党内矛盾、独立根据国内矛盾变化做出重大政策调整转变，成为中国共产党应付各种风险挑战的基本方式。坚持独立自主、实事求是、一切从实际出发的精神，终于在全党确立起来，中国共产党以更加自信的姿态赢得了探索中国革命道路的主动权、自主权。

遵义会议会址

遵义会议以后，中央红军在毛泽东等领导人的正确指挥下，根据实际情况灵活变换作战方向，迂回穿插于敌人重兵之间，不断取得战争主动权，革命一步步走向胜利。1935 年 3 月底，红军南渡乌江，迅速行进到贵阳东北地区。在贵阳城郊，红军用石灰在墙上刷上标语"攻打贵阳城，活捉蒋介石"，佯装攻打贵阳。正在贵阳督战的蒋介石急忙从云南调集部队增援，这正好中了毛泽东的计谋。滇军一被调出，红军立刻奔袭云南，先锋队直逼昆明。云南当局急忙调兵固守昆明，此时金沙江的防务削弱了。红军又突然掉头向北渡过金沙江，摆脱了几十万国民党军队的围追堵截，取得了战略转移中具有决定性意义的胜利。可见，坚持实事求是的思想路线，独立自主地做出军事决策，采取机动灵活的战略战术，是红军长征取得胜利的重要保证。

红军长征能够胜利会师陕北，找到开辟新局面的落脚点，要归功于遵义会议后我党逐渐形成的坚持独立自主、实事求是、一切从实际出发的精神。没有独立自主、实事求是的思想路线，就没有长征的伟大胜利，就没有中国革命的成功。

四、顾全大局、严守纪律、紧密团结

长征途中，在异常恶劣的社会环境和自然环境下，全党全军风雨同舟、生死相依，涌现出无数感人故事，形成了顾全大局、严守纪律、紧密团结的精神，这些精神是长征取得伟大胜利的重要力量。

“加强纪律性，革命无不胜。”长征中，我党我军善于运用纪律这一有力武器，同张国焘分裂红军、另立“中央”等破坏团结统一的行为做斗争，有效地维护和巩固了党和军队的团结统一。红军总司令朱德在同张国焘分裂中央的活动进行斗争中，一直坚持原则，坚定执行中央确定的正确路线。面对张国焘的百般刁难，他不顾个人荣辱，冷静与他周旋。在阿坝会议上，张国焘等人要求朱德发表反对中央北上的声明，被朱德义正词严地拒绝，他说：“中央北上的决定，我是赞成的、拥护的、举了手的。如果硬要我发表声明，那我就再声明一下，我是拥护党中央北上决定的。”就是靠着铁一般的纪律，坚持个人必须服从组织、下级必须服从上级、全党必须服从中央，我党有了统一的意志，形成了一个战斗的集体，为红军胜利完成长征打下坚实的基础。

团结是克服困难、赢得胜利的强大力量，是凝聚人心、成就伟业的重要保证。长征途中，红军衣食住行等物质条件十分艰苦，但“官长士兵都一样，没有人来压迫人”，形成了上下级之间、战友之间互助友爱、团结奋斗的革命精神。在无边无际的草地上，青稞面吃完了，野菜吃光了，军马也杀掉吃了。战士们只好煮皮带吃，甚至把随身带的纸张咽下去充饥，红军陷入了极大的困境。周恩来命令警卫员把自己的半碗青稞面全部分给大家泡水喝，他说："只要多留一个战士的生命，就给革命事业增加一分力量，拿出来分掉！"就是靠着"半碗青稞面"，靠着同舟共济为胜利的信念和意志，红军走出茫茫草地，走向了胜利。

为了以较小的牺牲夺取长征通道，中国共产党始终重视统战工作，一方面争取中间党派的力量，另一方面善于利用蒋介石和国民党内部派系的矛盾，争取地方实力派的支持。长征初期，布置在第一道封锁线上的陈济棠是红军首先要对付的敌人。中共领导人根据已掌握的蒋、陈矛盾，向陈济棠宣传"中国人不打中国人，同胞不要互相残杀，枪口一致对外"的道理，对他和部下产生了较大影响。最终，陈部撤离 40 里，为中央红军突破敌军第一、第二道封锁线创造了条件。

为实现全党的团结，中国共产党广泛团结犯过错误的同志，对其做耐心细致的思想工作，并适当安排他们担任领导职务，充分发挥他们的特长。即便共产国际军事顾问李德仍然顽固地坚持自己的错误，党中央还是尽心尽力地帮助他。长征结束后，根据他的军事专长，让他到红军大学讲课和训练骑兵。对犯了大错误的博古，仍将其保留在政治局常委会内，并让他担任总政治部代主任，参与中央决策。对在会上明确反对毛泽东军事战略的凯丰也没有撤职，仍保留了其政治局候补委员的职务。党中央博大的政治胸怀让犯错误的同志深受感动，多数同志能够拥护中央决议，在行动上同党中央保持一致，达到了"既要弄清思想又要团结同志"这样两个目的，为革命增添了一分力量。

长征的胜利是全党全军守纪团结、一切以大局为重的革命精神的胜利。长征期间，周恩来甘当助手，支持拥护毛泽东等人的正确意见，维护其领导地位，耐心说服博古、李德，并纠正其错误路线。即使病重期间，周恩来依然恪尽职守，紧密团结全党全军，与毛泽东、张闻天等领导人一起带领红军从有可能分裂的绝境中走出，向中国的大西北——陕甘宁一带走去，迎来了革命的新曙光。党和红军与错误的思想路线、与张国焘的分裂行为做斗争，稳定了军心，增进了团结，为红军胜利完成长征打下了坚实的基础。

五、紧紧依靠群众，同群众生死相依

群众路线是党的根本工作路线。长征中，党和红军坚持贯彻落实党的群众路线，同人民群众患难与共，生死相依，艰苦奋斗，携手同行，依靠广大民众的力量，保证了长征的胜利。

在离开中央苏区时，一位老大爷拉着红军战士的手，把一双“红军鞋”塞给他。这是一双非常结实的布鞋，鞋帮上绣着“慰劳红军战士”。他说：“孩子，这鞋一穿到红军的脚上，那就成了‘量天尺’了，地再广，山再高，你们也能把它‘量’完。”从那以后，小红军战士就把这双鞋挂在腰间，成为他最好的伙伴。在攻打遵义城时，一颗子弹穿过鞋子打在这位战士的腰上，鞋子被打了一个大窟窿，但人只受了点皮肉伤，因此这双鞋被称为“救命鞋”。长征路上，党和红军获得了广大人民群众的支持和帮助，与人民群众形成了生死相依、患难与共的密切关系，为长征取得伟大胜利奠定了坚实的群众基础。

长征作为一个大规模的军事转移，是历史上最盛大的武装巡回宣传。无论是在苏区还是在国统区，党和红军一边行军打仗，一边深入群众，通过布告、标语、口号、宣传画、歌谣等形式宣传革命真理。被称为“三个不停”的董必武，身体力行，带动广大指战员，开展书写标语的宣传工作。看到遵义苗民食不果腹、衣不蔽体，朱德奋笔疾书，写下了“实行耕者有其田”七个刚劲有力的大字。党和红军的广泛宣传，使老百姓逐渐消除了恐惧和疑虑，认识到红军是真心实意为他们找饭吃、找衣穿、谋生存的好队伍。

党和红军不仅重视政治宣传，更重要的是以实际行动践行这些口号，以实际利益满足群众需要，与沿途群众建立亲密关系，处处维护沿途群众利益，赢得了民心。进入遵义城后，红军严格遵守“三大纪律、八项注意”，严格按照进城要求，不惊扰商家民家，露宿街头。一大早遵义城居民打开门看到的是，沿街每家屋檐下一堆堆全是身着青布衣服、怀抱武器的红军战士。看到红军这么艰苦，当年 34 岁的徐解秀就让三名红军女战士住到了家里。晚上，三名红军女战士就和徐解秀盖一条行军被，睡一张床，徐解秀的丈夫睡在门口的草垛上。白天，红军战士们和徐解秀一起干活，讲进步道理，还帮她带孩子，徐解秀帮红军战士煮饭。红军离开时，看到徐解秀家连一床像样的被子都没有，一名红军女战士用剪刀将行军被剪开，把半床被子留给了徐解秀。半床被子留下了共产党和红军的深情，留下了人民对共产党的认识和想念。

军爱民，民拥军。红军长征能够取得伟大胜利，一个重要方面就是党和红军通过自己的实际行动与沿途人民群众建立了深厚的军民鱼水情，得到了他们的大力支持。他们通过各种方式支援中国共产党的民主革命，如自觉参加红军，帮助红军带路，救治红军伤病员，提供物资给红军。红军长征经过藏区时，有不少藏民参加了红军。藏民天宝参军前还是藏传佛教寺院里的一个小喇嘛，他看到红军部队遵守群众纪律，不进寺院，不住民房，对藏民态度友好，毅然参加了红军并积极加入中国共产党，被称为“披着袈裟当红军”。长征路上，广大人民群众不顾个人安危，帮助掩护、安置和治疗大批不能随军行动的红军伤病员。一些开明的工商业主和进步人士也给红军提供了大量帮助，遵义城中药铺里的田庆云医师曾专门开办一家“平民医院”，收治伤病员。党和红军与人民群众建立了深厚的感情，许多百姓在红军撤离后，冒着生命危险通过保存红军的标语和遗物、传唱诗词来表达对红军的思念。红军卫生员龙思泉为了给当地穷人治病，未能及时赶回部队，被地方反动武装杀害。当地人怀着悲愤之情安葬了烈士，并为他竖立了红军铜像。每到重大节日，全国各地慕名而来瞻仰“红军菩萨”的游客络绎不绝，纷纷表达他们对红军军医的怀念。

得民心者得天下。中国共产党及其领导的人民军队，始终贯彻群众观点，坚持走群众路线，与广大人民群众同呼吸、共命运，生死相依、艰苦奋斗，保证了艰苦卓绝的长征的胜利。

“每一代人有每一代人的长征路，每一代人都要走好自己的长征路。”今天，我们这一代人的长征，就是要实现“两个一百年”奋斗目标、实现中华民族伟大复兴的中国梦。新时代的广大党员干部，要接续共产党人的精神长征，发扬红色传统、传承红色基因，赓续共产党人的精神血脉，始终保持革命者的大无畏奋斗精神，鼓起迈进新征程、奋进新时代的精气神。

第五章 抗战精神

中国人民在抗日战争的壮阔进程中孕育出伟大抗战精神，向世界展示了天下兴亡、匹夫有责的爱国情怀，视死如归、宁死不屈的民族气节，不畏强暴、血战到底的英雄气概，百折不挠、坚忍不拔的必胜信念。伟大抗战精神，是中国人民弥足珍贵的精神财富，将永远激励中国人民克服一切艰难险阻、为实现中华民族伟大复兴而奋斗。

——习近平：《在纪念中国人民抗日战争暨世界反法西斯战争胜利 75 周年座谈会上的讲话》，《人民日报》2020 年 9 月 4 日第 2 版

1931 年 9 月 18 日，日本反动统治者策动九一八事变，侵占中国东北全境；1937 年 7 月 7 日，日本又蓄意制造了震惊中外的卢沟桥事变，悍然发动了全面侵华战争。“从卢沟桥事变肇始，平津危急，华北危急，中华民族危急，中华民族到了最危险的时候。”在民族危难之际，中国共产党率先高举武装抗日旗帜，毅然担负起民族救亡的历史重任，创造性地回答了决定抗日战争成败的一系列根本性、战略性问题，倡导建立以国共合作为基础的抗日民族统一战线，开辟广大敌后战场和抗日根据地，领导八路军、新四军、东北抗日联军和其他人民抗日武装英勇作战，成为全民族抗战的中流砥柱，直到取得中国人民抗日战争最后胜利。“大江南北，长城内外，全体中华儿女冒着敌人的炮火共赴国难，无论是正面战场，还是敌后战场，千千万万爱国将士浴血奋战、视死如归，各界民众万众一心、同仇敌忾，奏响了一曲气壮山河的抗击日本侵略的英雄凯歌，用生命和鲜血谱写了一首感天动地的反抗外来侵略的壮丽史诗。”这是习近平总书记 2014 年 7 月 7 日在纪念全民族抗战爆发 77 周年仪式上掷地有声的话语。

中国人民的抗日战争，以 1931 年九一八事变为起点，到 1945 年日本宣布无条件投降结束，经历了 14 年艰难曲折的斗争，是近代以来中国人民反抗外敌入侵第一次取得完全胜利的民族解放斗争，是“战争史上的奇观，中华民族的壮举，惊天动地的伟业”。在中国人民

14年抗日战争的壮阔进程中，形成了伟大的抗战精神，向世界展示了天下兴亡、匹夫有责的爱国情怀，视死如归、宁死不屈的民族气节，不畏强暴、血战到底的英雄气概，百折不挠、坚忍不拔的必胜信念。伟大的抗战精神，是中国人民弥足珍贵的精神财富，将永远激励中国人民克服一切艰难险阻，为实现中华民族伟大复兴而奋斗。

一、天下兴亡、匹夫有责的爱国情怀

“领土一省又一省地被人侵占，人民千万又千万地被人奴役，城村一处又一处地被人血洗，侨胞一批又一批地被人驱逐，一切内政外交处处被人干涉，这还能算什么国家!?这还能算什么民族!?同胞们！中国是我们的祖国！中国民族就是我们全体同胞！我们能坐视国亡族灭而不起来救国自救吗？不能！绝对不能！”这是1935年8月1日中共《八一宣言》中的一段泣血之问。面对日本反动统治者的武装侵略，祖国国土的大片沦丧和国民党政府的屈辱退让，全国各族人民无不痛心疾首、义愤填膺，在中国共产党倡导建立的以国共合作为基础的抗日民族统一战线旗帜下，全国人民义无反顾地投身到抗击日本侵略者的洪流之中。“天下兴亡，匹夫有责”成为时代最强音。

许多知识分子，特别是爱国青年和学生成为抗日救亡的先锋。九一八事变一爆发，上海、南京、北平、天津、杭州、西安、武汉、南昌等地的青年学生便纷纷组成请愿团、示威团，要求国民政府停止内战、一致对外，呼吁全国同胞奋起抵抗。一些知识界人士发表讲话、创办报刊、撰写文章，宣传、动员各界民众支持抗战。1935年，华北事变爆发后，北平大中学生数千人举行了抗日救国示威游行，反对华北自治，反抗日本帝国主义，要求保全中国领土的完整，掀起全国抗日救国新高潮。这就是著名的一二·九运动。毛泽东曾指出，一二·九运动是动员全民族抗战的运动，它准备了抗战的思想，准备了抗战的人心，准备了抗战的干部。

工人群众在抗日救亡运动中发挥了重要作用。1931 年 9 月 24 日，上海 3.5 万多名码头工人举行反日大罢工，拒绝为日本船只装卸、搬送货物。紧接着，上海邮务、水电、卷烟、针织、棉纺、皮革、造船等行业的 100 多个工会约 10 万人举行了抗日救亡大会。会上通过了对日宣战、武装群众、惩办失职失地官吏等决议案，会后举行了声势浩大的示威游行。10 月 2 日，上海 150 多个工会举行代表大会，讨论抗日救国纲领。会议决定发表《告世界工人书》，揭露日本帝国主义悍然出兵侵略中国的罪行。除上海外，南京、天津、汉口、青岛、太原、长沙等城市也先后爆发了工人罢工、游行、抵制日货等斗争。

广大妇女也积极加入抗日救国行列，许多省成立了妇女抗战后援会，以各种形式支援前线。敌后抗日根据地的妇女，积极为在前线浴血奋战的战士做军衣和军鞋、缝被子、送公粮、运弹药，救护伤病员，送子送夫参军，侦察敌情和传递情报。不少妇女志愿参军，奔赴抗日战场。抗战期间，就连广大少年儿童都做了自己力所能及的工作，贡献了自己最大的智慧和力量。1940 年 4 月 4 日，《新华日报》刊文指出：我们的亲爱的孩子们，我们新生的一代，却在炮火的烈焰中诞生和成长起来。在前线，他们负担起帮助军队刺探军情、传消息和救护的工作；在敌后，他们做侦察、放哨、查路条的工作，紧站在自己的岗位上；在大后方，千百万的儿童从事宣传、募捐、劳军等各种工作，他们用他们的热情，来直接和间接地帮助抗战，并在每一件事实中、每一件工作上，表现出他们的威力。

中华民族内部蕴藏的无穷无尽的巨大能量，将中国由“散沙一盘”凝聚成“磐石一块”，人民从中看到了自己的力量。正如毛泽东所说：“这个战争促进中国人民的觉悟和团结的程度，是近百年来中国人民的一切伟大的斗争没有一次比得上的”，“中国军队的广大官兵，在前线流血战斗，中国的工人、农民、知识界、产业界，在后方努力工作，海外华侨输财助战，一切抗日政党，除了那些反人民分子外，都对战争有所尽力”。这种来自中国亿万民众的力量，既是抗日战争取得胜利的重要条件，也是实现中华民族伟大复兴源源不断的内在动力。

二、视死如归、宁死不屈的民族气节

在河北献县本斋村北的一处烈士陵园，矗立着一座汉白玉英雄纪念碑，正面镌刻着毛泽东的题词：“马本斋同志不死”，背面镌刻的是朱德撰写的挽联：“壮志难移，回汉各族模范；大节不死，母子两代英雄”。这座陵园安葬的是八路军回民支队司令员马本斋的母亲白文冠烈士，此外，园内还有马本斋衣冠冢。

全民族抗战爆发后，马本斋率本村青壮年 70 多人组织起回民抗日义勇军，在冀中平原打击日寇，这支队伍后来扩大为八路军回民支队，骁勇善战，被毛泽东同志称为“百战百胜的回民支队”，令日寇闻风丧胆。1941 年 8 月，日军突袭马本斋的老家献县东辛庄，抓走了马本斋的母亲白文冠老人，逼迫马母招降马本斋。白文冠是位普通的农村妇女，但在日寇的魔爪下，却表现出了极其高贵的人格。日军用卑劣的手段威胁诱骗老人给马本斋写信，劝她投降，老人怒斥说："我是中国人，一向不知有投降二字。"她还规劝给她送饭的伙夫说："如果有一天你良心发现，你到回民支队去告诉我儿子，让他狠狠打击日本鬼子，别惦记我老太太。"为了让儿子不受胁迫，白文冠老人绝食 7 天，壮烈牺牲。她的凛然气节，感天动地。

"人生自古谁无死，留取丹心照汗青。"1938 年 10 月，以指导员冷云为首的东北抗日联军 8 名女兵，与日伪军展开激战。她们主动吸引日伪军火力，使部队主力迅速摆脱敌人的攻击，但自己却被敌军围困在河边。在背水战至弹尽的情况下，面对日伪军逼降，她们誓死不屈。冷云坚定地对大家说："同志们，我们是共产党员、抗联战士，宁死也不做俘虏！为祖国的解放而战死，是我们最大的光荣!"她们投出最后一颗手榴弹，趁敌人卧倒的机会，毁掉枪支，挽臂涉入冰冷的乌斯浑河，高唱着《国际歌》集体沉江，壮烈殉国。牺牲时，她们中年龄最大的冷云 23 岁，最小的王惠民才 13 岁，她们为中华民族的解放献出了年轻的生命。2009 年 9 月 14 日，她们被评为 100 位为新中国成立做出突出贡献的英雄模范人物之一。天下艰难际，时势造英雄。在 14 年反抗日本军国主义侵略特别是 8 年全面抗战的艰苦岁月中，还涌现出杨靖宇、赵尚志、左权、彭雪枫等一批抗日英烈和八路军"狼牙山五壮士"、新四军"刘老庄连"、东北抗联 8 位女战士等众多英雄群体，整排、整连、整营、整团、整师献身战火者并不鲜见。

这一个个可歌可泣的悲壮故事，背后是普通而伟大的抗日英雄，他们中有高级将领也有普通士兵，有军人也有普通百姓，无论是正面战场还是敌后战场，他们或以个体或以群体，面对残暴的敌人，不畏惧、不屈服，形成了抗击日寇侵略的铜墙铁壁，展现出视死如归、宁死不屈、保家卫国、舍生取义的民族气节。民族气节是为了维护国家和民族尊严而永不屈服的精神品质和高尚追求，中华民族 5 000 多年历经沉浮却始终薪火相传，绵延其中的正是这种宝贵的精神品质。在这场救亡图存的伟大斗争中，中华儿女为中华民族独立和自由不惜抛头颅、洒热血，母亲送儿打日寇，妻子送郎上战场，男女老少齐动员。千千万万中华儿女，用鲜血和生命汇成了淹没侵略者的汪洋大海，宁肯站着死，绝不跪着生，彰显了无比高贵的人格光辉，捍卫了民族的尊严。

三、不畏强暴、血战到底的英雄气概

1937 年 9 月中旬，沿平绥线向西推进的侵华日军在攻占晋北重镇大同及周围各县后，分两路向平型关一线进犯，企图攻占太原，进而占领山西全省。9 月 24 日，为配合友军作战，阻挡日军攻势，驻扎在山西大同灵丘县冉庄村的八路军一一五师接到命令，连夜赶往西北 16 公里外的平型关乔沟，伏击进犯太原的日军。平型关是明朝内长城的一个重要关隘，乔沟位于其东北方，是一条长约 5 公里的狭窄古道，蜿蜒曲折，两侧壁立，难以攀爬，是灵丘通往平型关公路上最险要的一段，也是日军从平型关前线到灵丘县城的必经之地。25 日，待日军进入我军伏击区后，埋伏已久的战士们抓住战机，向行进之敌发起猛烈攻击。战士们勇猛地冲入敌阵，与日军展开激烈的白刃搏斗。在敌我武器装备悬殊的情况下，面对残暴的日军，战士们心中只有一个信念，那就是“消灭鬼子，全歼敌人”，排长牺牲了班长顶替，班长牺牲了战士接替指挥。很多连队伤亡过半，依然与日军顽强拼杀。最终，一一五师歼敌 1 000 余人，毁敌汽车 100 余辆、马车 200 余辆，缴获步枪1 000余支、轻重机枪20余挺，以及大批军用物资。平型关大捷是全民族抗战爆发后中国军队主动对日作战取得的第一个重大胜利，打破了日军“不可战胜”的神话，展现了战士们不畏强暴、血战到底的决心，极大地鼓舞了全国军民抗战必胜的信心，提高了中国共产党和八路军的威信，使许多人由此相信共产党不但坚决抗日，并且是有能力战胜敌人的。

1938年10月日军占领广州、武汉后，全民族抗日战争由战略防御阶段进入战略相持阶段。中国共产党肩负起抗击日本侵略军的主要责任，党领导的敌后游击战争成为主要的对日作战方式，牵制和抗击了大量侵华日军。从1940年8月开始至翌年1月结束的百团大战，是抗战相持阶段八路军在华北地区发动的规模最大、持续时间最长的一次带战略性进攻的战役，陆续参战的部队达到105个团20余万人。据八路军总部的不完全统计，至1940年12月初，敌后军民共作战1 824次，毙伤日、伪军2.5万余人，破坏铁路470余公里、公路1 500余公里，缴获大量枪支弹药和军用物资。百团大战粉碎了日军的“囚笼政策”，延缓了日军南进的步伐，在国际国内引起极大反响，进一步提高了中国共产党和八路军的声望。在平原游击战中，党坚持动员人民、依靠人民，日占区人民面对残暴的敌人不屈不挠，在共产党的领导下，广泛开展地道战、地雷战、麻雀战、围困战等群众性游击战争，使日军陷入人民战争的汪洋大海，给日军造成严重威胁。

所有投身中国人民抗日战争中的人，都是抗战英雄，都是民族英雄。毛泽东在《论反对日本帝国主义的策略》一文中说：“我们中华民族有同自己的敌人血战到底的气概，有在自力更生的基础上光复旧物的决心，有自立于世界民族之林的能力。”习近平总书记指出，近代以后，面对强敌的一次次入侵，中华民族没有屈服，而是不断集结起队伍，前仆后继，顽强抗争，誓与侵略者血战到底，奏响了无数气壮山河的英雄凯歌。

四、百折不挠、坚忍不拔的必胜信念

抗战不仅是武力的较量，更是民族意志与信念的较量。抗战初期，有先进装备的日本侵略者凭着各方面的优势曾长驱直入，在短期内占领了大片中国领土。当时，中国国民党内部分人存在“亡国论”的论调，认为“抗战必亡”“再战必亡”，部分国人悲观失望，甚至抵抗意志全消，出现了主张对日妥协投降的势力；还有一种是中国“速胜论”。针对这些错误思想倾向，毛泽东于 1938 年 5 月发表了《论持久战》，承认抗日战争的艰苦和困难，回答了困扰人们思想的种种问题，在总结抗日战争初期经验的基础上，系统阐述了中国实行持久战以获得对日胜利的战略。《论持久战》是中华民族具有顽强意志和必胜信念的精神传统的高度体现，极大地鼓舞了全国人民的抗日斗志，为夺取抗战胜利奠定了思想基础。

抗战进入相持阶段后，由于日本侵略者对根据地实行“扫荡”“清乡”“蚕食”和毁灭性的“三光”政策，国民党顽固势力实行军事包围和经济封锁，以及旱灾、蝗灾等自然灾害，抗日根据地生产遭到严重破坏，财政经济极端困难。有的干部、战士甚至一度陷入半年吃树叶、地瓜秧、花生皮稀稀掺一点粮食的情况下坚持作战的困境。毛泽东在回顾当时的困难状况时说：“我们曾经弄到几乎没有衣穿，没有油吃，没有纸，没有菜，战士没有鞋袜，工作人员在冬天没有被盖。国民党用停发经费和经济封锁来对待我们，企图把我们困死，我们的困难真是大极了。”为了有效应对危机，以毛泽东同志为主要代表的中国共产党人及时制定“发展经济，保障供给”的正确方针，发出“自己动手，丰衣足食”的号召，动员根据地军民开展大生产运动，实行生产自救。在延安大生产运动中，毛泽东率先垂范，在杨家岭的办公楼下亲手开辟了一片荒地，种上辣椒、西红柿等蔬菜；朱德背着箩筐到处拾粪积肥；周恩来迅速成了纺线能手。1940 年，朱德根据中共中央关于开展大生产运动的指示精神亲赴南泥湾踏勘调查，决定在此屯垦自给。1941 年春，八路军一二〇师三五九旅在旅长兼政委王震的率领下，奉命开进南泥湾，披荆斩棘，开荒种地，风餐露宿，战胜重重困难。1942 年，生产自给率达到 61.55%；1943 年，生产自给率达到 100%；到 1944 年，三五九旅共开荒种地 26.1 万亩，收获粮食 3.7 万石，养猪 5 624 头，上缴公粮 1 万石。广大官兵用自己的双手和汗水，将荒无人烟的南泥湾变成了“平川稻谷香，肥鸭遍池塘。到处是庄稼，遍地是牛羊”的陕北好江南。

抗日战争年代国民党对延安实行经济封锁，毛泽东号召“自己动手，丰衣足食”

艰难曲折的14年抗战，无论战争多么惨烈、形势多么险恶、条件多么艰苦、牺牲多么巨大，全国各族人民在中国共产党的领导和指引下，始终坚持抗战、拒绝投降，坚持团结、拒绝分裂，坚持进步、拒绝倒退，百折不挠、坚忍不拔，最终迎来了彻底的胜利。中国共产党在推动展开全民族抗战的人民战争中，自身力量也得到了空前发展壮大。在全民族抗战中，党领导的人民抗日武装对敌作战12.5万余次，消灭日、伪军171.4万人。到抗战结束时，党员发展到120多万人；人民军队发展到约132万人，民兵发展到260余万人；抗日民主根据地面积达到近100万平方公里，人口近1亿。

中国抗日战争是世界反法西斯战争的重要组成部分，在这场关乎世界和平、人类命运的世界反法西斯战争中，中国抗日战争开始时间最早，持续时间最长，抗击和消灭日军最多，付出代价最大。中国战场抗击和牵制了日本2/3以上的陆军兵力和部分海空军事力量，牢牢捆住了日本法西斯的手脚。1945年，美国总统罗斯福在国情咨文中表示，美国“忘不了中国人民在7年多的长时间里怎样顶住了日本人的野蛮进攻和在亚洲大陆广大地区牵制住大量的敌军”。

2020年9月3日，习近平总书记在纪念中国人民抗日战争暨世界反法西斯战争胜利75周年座谈会上指出，中国人民抗日战争胜利是以爱国主义为核心的民族精神的伟大胜利，是中国共产党发挥中流砥柱作用的伟大胜利，是全民族众志成城奋勇抗战的伟大胜利，是中国人民同反法西斯同盟国以及各国人民并肩战斗的伟大胜利。中国人民抗日战争的伟大胜利将永远铭刻在中华民族史册上，永远铭刻在人类正义事业史册上。

2014年2月27日，第十二届全国人大常委会第七次会议经过表决，将每年的9月3日确定为中国人民抗日战争胜利纪念日，12月

13日设立为南京大屠杀死难者国家公祭日。2014年12月13日上午10时，国家公祭仪式在侵华日军南京大屠杀遇难同胞纪念馆举行。习近平总书记在仪式上讲道："南京大屠杀惨案铁证如山、不容篡改。任何人要否认南京大屠杀惨案这一事实，历史不会答应，30万无辜死难者的亡灵不会答应，13亿中国人民不会答应，世界上一切爱好和平与正义的人民都不会答应……我们为南京大屠杀死难者举行公祭仪式，是要唤起每一个善良的人们对和平的向往和坚守，而不是要延续仇恨……中国人民也要庄严昭告国际社会：今天的中国，是世界和平的坚决倡导者和有力捍卫者，中国人民将坚定不移维护人类和平与发展的崇高事业，愿同各国人民真诚团结起来，为建设一个持久和平、共同繁荣的世界而携手努力！"

"纸上得来终觉浅，绝知此事要躬行。"自2014年设立国家公祭日以来，北京101中学连续几年组织学生，跨越1 000多公里，从北京到南京参观侵华日军南京大屠杀遇难同胞纪念馆。在纪念馆的悼念广场，带队的副校长程翔总会对学生们说："你们生活在今天，你们活着，你们学习，你们成长是要干什么？是为了什么？不仅仅是为了个人的幸福，不仅仅是为了个人考上好大学，更不仅仅是为了你个人走出国门。要记住，作为一个中国人，你首先要为这个民族、要为这个国家而成长……我们中华民族要记住我们的伤痛。"

中国人民抗日战争胜利70多年来，中国发生了翻天覆地的变化。中国共产党团结带领全国各族人民，以"为有牺牲多壮志，敢教日月换新天"的大无畏气概，发愤图强、艰苦创业，创造了举世瞩目的发展成就，成功开辟了中国特色社会主义道路，中国特色社会主义进入新时代，实现了第一个百年奋斗目标，在中华大地上全面建成了小康社会，正在意气风发向着全面建成社会主义现代化强国的第二个百年

2014 年 12 月 13 日，举行了南京大屠杀死难者国家公祭仪式

奋斗目标迈进。中华民族任人宰割、饱受欺凌的时代已经一去不复返了。同时，我们也要清醒认识到，在前进道路上，仍然会面临各种各样的风险挑战，会遇到各种各样的荆棘坎坷。我们要弘扬伟大抗战精神，以压倒一切困难而不为困难所压倒的决心和勇气，敢于斗争，善于创造，锲而不舍为实现中华民族伟大复兴而奋斗，直至取得最后的胜利。

第六章

延安精神

在延安时期形成和发扬的光荣传统和优良作风，培育形成的以坚定正确的政治方向、解放思想实事求是的思想路线、全心全意为人民服务的根本宗旨、自力更生艰苦奋斗的创业精神为主要内容的延安精神，是党的宝贵精神财富，要代代传承下去。

——《习近平在瞻仰延安革命纪念地时强调 弘扬伟大建党精神和延安精神 为实现党的二十大提出的目标任务而团结奋斗》，《人民日报》2022 年 10 月 28 日第 1 版延安精神是以中国共产党人为代表的中华民族先进分子、优秀分子，在中华民族内忧外患、生死存亡的历史时期，在领导中国人民争取民族独立和人民解放的伟大革命斗争实践中形成的理想追求、精神风貌、思想品德、行为准则、工作作风的精神和结晶。它是中国共产党性质和宗旨的具体体现，是马克思主义理论品格的具体体现，是无产阶级世界观和人生观的具体体现，是中国共产党一以贯之、世代相传、发扬光大的精神谱系的重要内容。

1935 年 10 月 19 日，中共中央和中央红军历经二万五千里长征，胜利到达陕北吴起镇，随即决定在陕北“立足”，保卫和扩大陕北苏区，并以此领导全国革命。1937 年 1 月 13 日，中共中央进驻东北军撤出的延安城。1947 年 3 月 13 日，胡宗南率重兵大举进攻延安；18 日，中共中央撤离延安，要“用一个延安换取全中国”，继而开始了一年零五天的转战。1948 年 3 月 23 日，中共中央和毛泽东东渡黄河，前往河北西柏坡。

延安是中国革命的圣地，老一辈革命家和老一代共产党人在延安时期培育形成的延安精神是我们党的宝贵精神财富。延安精神的主要内容是：坚定正确的政治方向，解放思想、实事求是的思想路线，全心全意为人民服务的根本宗旨，自力更生、艰苦奋斗的创业精神。

延安精神不仅属于历史，而且属于现在和未来，它是中华民族精

延安，毛泽东居住过的窑洞

神的继承和发展，反映了中华民族和中国人民对民族尊严、民族独立的要求，鲜明体现了中华民族和中国人民的志气、骨气和正气。

一、坚定正确的政治方向

办好中国的事情，关键在党。没有中国共产党，就没有新中国，就没有中华民族伟大复兴。历史和人民选择了中国共产党。坚定正确的政治方向，就是要坚持中国共产党的领导，坚持马克思主义中国化，坚持反帝反封建的两大历史任务，坚持走历史必由之路，使共产党的政治主张成为团结全国人民共同奋斗的一面旗帜。

1935 年 12 月，结束长征刚刚落脚陕北的中国共产党，面对日本帝国主义侵略中国、中国面临亡国灭种的现实威胁，坚决以民族利益为重，提出了抗日民族统一战线的方针，担负起反帝反封建的两大历史任务。1936年年底，西安事变爆发，在中国共产党的积极引导和推动下，达成了和平解决的方案，最终促成全民族抗战局面的形成。1938年，抗日战争进入相持阶段后，面对国民党不断掀起的反共高潮，尤其是使国共关系空前紧张的“皖南事变”，中国共产党从民族大义出发，坚持有理有利有节、求同存异、既独立又统一、既联合又斗争等原则，坚持和维护了抗日民族统一战线。中国共产党是抗日战争的中流砥柱，是中华民族和中国人民利益的最强有力的捍卫者。中国军民同仇敌忾，众志成城，英勇抗击，取得了抗日战争的伟大胜利。

马克思主义的创始人马克思、恩格斯一再强调，对于马克思主义的基本原理，“随时随地都要以当时的历史条件为转移”，应是行动的指南，而不应作为教条。马克思主义中国化作为全党任务的提出与最早取得巨大成果，都是在延安时期。在瓦窑堡会议上，毛泽东尖锐地批评了党内关门主义不会把马列主义“活泼的运用到中国的特殊的具体环境中去”，而是把马列主义变成死的教条。1937年4月，中共中央发出《告全党同志书》特别强调：由于“中国革命的复杂性与变化多端性”，“马克思列宁斯大林主义的原则必须使之具体化，成为具体行动的指南针”，中国共产党能否做到这一点，“将决定此次大革命能否胜利的命运”。1938年10月，在党的六届六中全会上，毛泽东在《抗日民族战争与抗日民族统一战线发展的新阶段》中提出了“马克思主义的中国化”的科学概念，并对其做了深刻、具体而精辟的阐述。他指出：“马克思、恩格斯、列宁、斯大林的理论，是‘放之四海而皆准’的理论。不应当把他们的理论当作教条看待，而应当看作行动的指南。”对于中国共产党而言，“就是要学会把马克思列宁主义的理论应用于中国的具体的环境……离开中国特点来谈马克思主义，只是抽象的空洞的马克思主义。因此，使马克思主义在中国具体化，使之在其每一表现中带着必须有的中国的特性，即是说，按照中国的特点去应用它，成为全党亟待了解并亟须解决的问题”。1939 年，毛泽东在《〈共产党人〉发刊词》中第一次完整地提出了马克思列宁主义的理论和中国革命的实践相结合的科学概念。

毛泽东思想在延安时期全面展开并达到成熟，而且全党对毛泽东思想的科学性逐步形成共识。刘少奇使用了“毛泽东同志的思想”和“毛泽东同志的思想体系”两个概念。王稼祥指出，毛泽东思想“是马克思列宁主义与中国革命运动实际经验相结合的结果”，“是中国的马克思列宁主义”。这些观点逐渐得到全党的普遍认同。党的七大对毛泽东思想做了完整概括和系统阐释，并将之确立为全党的指导思想。

抗战胜利后，中国共产党在陕甘宁边区政府民主实践的基础上，从中国人民的根本利益和愿望出发，提出建立联合政府，实现民主和平，建立新民主主义的中国。但是国民党反动集团违背人民的意愿，悍然发动反共反人民的内战。因此，中国共产党领导中国人民一方面进行推翻国民党反动派的人民解放战争，一方面进行消灭封建剥削制度的新民主主义革命。延安时期的革命斗争为夺取中国新民主主义革命的彻底胜利、建立新中国奠定了坚实基础。

中共中央分析了国内外政治形势的变化，对中国革命前途形成了正确的认识。毛泽东在《中国革命和中国共产党》中，从分析中国社会的特殊性质出发，系统阐明了中国革命的对象、任务、动力和性质；指出中国现阶段的革命是新式的、特殊的资产阶级民主主义革命，即新民主主义革命；首次阐明了两个革命阶段的逻辑关系，指出新民主主义革命是社会主义革命的必要准备，社会主义革命是新民主主义革命的必然趋势。在《新民主主义论》中，毛泽东全面阐述了中国特殊的新民主主义革命理论，深刻论证了新民主主义社会理论，构建起关于革命转变理论的科学体系。走历史必由之路，就是中国共产党人遵循历史发展的规律，朝着社会主义的方向而奋斗。中国共产党和中国人民将在自己选择的道路上昂首阔步走下去，把中国发展进步的命运牢牢掌握在自己手中。

二、解放思想、实事求是的思想路线

解放思想、实事求是的思想路线是中国共产党人经过长期革命斗争实践的探索，在同主观主义、教条主义的斗争中，特别是经过延安整风运动而逐步形成的，实现了马克思主义中国化的第一次历史性飞跃，是中国共产党在理论上走向成熟的重要标志，为延安精神的形成提供了理论指导和理论支撑。

为了使马克思主义基本原理同中国革命具体实际相结合的思想成为全党的共识，成为指导每一个共产党员的思想武器，延安开展了轰轰烈烈的整风运动。延安整风运动的主要内容是反对主观主义、宗派主义、党八股，在全党树立起马克思主义的思想作风。延安整风运动是在全党范围内进行的一次普遍的马克思主义教育运动，是破除把马克思主义教条化、把共产国际决议和苏联经验神圣化错误倾向的思想解放运动，确立了实事求是的思想路线。毛泽东曾说，整风运动在精神生活方面起了决定性的作用，如果不整风，党就变了性质，我们就不能前进。邓小平也说过，从延安整风以后，无论前方后方的人，真是生气勃勃，生动活泼，心情舒畅，团结一致。即使一心想消灭共产党的蒋介石也对延安整风做出肯定的评价，认为这场整风运动逐渐打破共产党“过去空疏迂阔的形式主义，使一般干部养成了注重客观、实事求是的精神”。

重视调查研究是我们党发扬实事求是精神的重要路径。1942 年 1 月 1 日，《解放日报》发表题为《掌握马克思主义的钥匙》的社论，指出，“关于调查研究的决定，对于掌握马克思主义武器，指引了一条捷径，提供了一个宝贵的钥匙。这对于全党学习应用马列主义，将是一个重大的推动。从这个决定以后，调查研究的工作，成了学习马列主义的主要环节了”，“党中央所倡导的调查研究工作，是马列主义理论和中国革命实践的活生生的统一”。

对于调查研究，党的中央领导率先垂范，积极参与。1941 年春，朱德去南泥湾察看并决定让三五九旅在那里实行屯田。9 月，西北局组织农村考察团到固临进行调查研究，写出了《固临调查》一书。12 月，年已花甲的陕甘宁边区政府主席林伯渠，率领一支 20 余人的考察团，赶赴甘泉、富县进行调查研究。1942 年 1 月，张闻天率领一个农村调查团，从延安出发到陕甘宁边区的神府、绥德、米脂、晋西北的兴县进行了为期 15 个月的实地调查，查阅了大量文字材料，写出了调查报告《出发归来记》，指出学习马列主义“要从实际出发，要认识实际，其基本一环，就是对于这个实际的调查研究”。正是通过领导干部的这种示范与带头作用，延安掀起了调查研究之风，广大党员干部学会了把马克思主义基本原理运用到革命实际中，学会了如何用马克思主义的立场、观点、方法认识问题、分析问题和解决问题。

中国共产党坚持马克思主义基本原理，坚持实事求是，从中国实际出发，洞察时代大势，把握历史主动，进行艰辛探索，不断推进马克思主义中国化、时代化，指导中国人民不断推进伟大社会革命。

三、全心全意为人民服务的根本宗旨

为人民服务是中国共产党作为马克思主义政党从诞生那一刻起就坚持的根本的群众观点，这一群众观点在延安时期被旗帜鲜明地提出，并成为统一全党思想的出发点和落脚点。

抗日民族统一战线建立后，大批知识分子与文艺工作者来到延安。他们奔赴延安加入革命队伍的行列，证明他们是爱国的、是抗日的，也是拥护中国共产党抗日主张的，但是并不代表其小资产阶级思想向无产阶级思想的完全转变，在他们身上“或长或短地拖着一条小资产阶级的尾巴”。

为了更好地端正文艺方向，彻底解决文艺为谁服务、如何服务的问题，1942 年 5 月，毛泽东在中央办公厅楼下会议室主持召开了为期 3 天的文艺座谈会，出席的作家、艺术家及文艺工作者共 80 余人。这就是著名的“延安文艺座谈会”。在会上，毛泽东深刻指出文艺问题“基本上是一个为群众的问题和一个如何为群众的问题”，“为什么人的问题，是一个根本的问题，原则的问题”，“必须明确地彻底地解决它”。在中国，文艺为人民大众服务，“第一是为工人的，这是领导革命的阶级。第二是为农民的，他们是革命中最广大最坚决的同盟军。第三是为武装起来了的工人农民即八路军、新四军和其他人民武装队伍的，这是革命战争的主力。第四是为城市小资产阶级劳动群众和知识分子的，他们也是革命的同盟者，他们是能够长期地和我们合作的。这四种人，就是中华民族的最大部分，就是最广大的人民大众”。

延安时期，涌现出“全心全意为人民服务”的典范——张思德（1915年4月19日—1944年9月5日）。张思德出生在四川省仪陇县一个穷苦农民家庭。1933年12月参加红军，不久加入共青团。1937年10月加入中国共产党，曾担任中央军委警卫营通讯班班长和毛泽东的卫士。在一次反六路围攻的战斗中，他右腿先后两次负伤，仍强忍剧痛，冲入敌阵，缴获了敌人两挺机枪。在长征途中，他两度经过人迹罕至的雪山、草地，历尽千辛万苦。1944年9月5日，他带领战士在陕北安塞县（今延安市安塞区）执行烧炭任务时，即将挖成的窑洞突然崩塌，他奋力把战友推出洞去，自己却被埋在窑洞，壮烈牺牲，年仅29岁。

在张思德的悼念会上，毛泽东作了意义重大、影响深远的题为《为人民服务》的演讲。在这篇演讲中，毛泽东阐明了中国共产党及其领导的人民军队的宗旨，就是全心全意为人民服务：“因为我们是为人民服务的，所以，我们如果有缺点，就不怕别人批评指出”，“只要我们为人民的利益坚持好的，为人民的利益改正错的，我们这个队伍就一定会兴旺起来”。中国共产党将全心全意为人民服务确立为党的宗旨，既是对中国共产党的政治要求，也是对广大党员道德修养的要求。它要求党的路线、方针、政策和一切活动，都要以实现最广大人民群众的根本利益为出发点和落脚点。

江山就是人民、人民就是江山，打江山、守江山，守的是人民的心。中国共产党根基在人民、血脉在人民、力量在人民。中国共产党始终代表最广大人民根本利益，与人民休戚与共、生死相依，没有任何自己特殊的利益，从来不代表任何利益集团、任何权势集团、任何特权阶层的利益。

延安时期，党的全心全意为人民服务的宗旨还体现在其民主执政的选举制度上。这种选举制度具有更广泛的民主性，民众可以直接选出从乡到边区的各级参议会议员，各级参议会再选出同级政府。在选举方法上，为适应多数选民文化水平低、不识字的实际情况，陕甘宁边区变通投票法，采用“投豆法”“烧孔法”“投纸团”“画记号”“举手法”等。其中投豆法是党领导组织的最朴素、最生动、最感人的选举法之一。投豆法是在每位候选人的背后放一个碗，选举人往碗里投放黄豆，得豆多者当选。在选举过程中，选民对选什么人非常关心，非常慎重，看他们是否对抗日工作忠诚，是否全心全意为人民服务，是否在生活作风上犯过错误，而且候选人要当众说明自己的政见和施政方针，争取选民对自己的了解，接受选民的审查。在反复热烈讨论后，选民才投上自己庄严的选票。民谣“金豆豆、银豆豆，豆豆不能随便投，选好人，办好事，投在好人碗里头”，真实地反映了群众的心声，表达了自己的意愿，行使了民主的权利。美国记者安娜·路易丝·斯特朗（Anna Louise Strong）曾发出这样的称赞，千百万中国人民用投豆入碗的办法来进行政治上的选择，这些人如果是在欧美制度下，根本不能参加选举。

延安时期的民主政治建设成绩显著。1940 年，毛泽东非常自豪地历数延安的“十个没有”：“一没有贪官污吏，二没有土豪劣绅，三没有赌博，四没有娼妓，五没有小老婆，六没有叫化子，七没有结党营私之徒，八没有萎靡不振之气，九没有人吃磨擦饭，十没有人发国难财”。

四、自力更生、艰苦奋斗的创业精神

抗日战争进入相持阶段时，毛泽东即认识到“长期抗战中最困难问题之一，将是财政经济问题”。1940年秋，国民党对抗日根据地实行经济封锁，加上严重的自然灾害，根据地的经济情况愈加困难。面对严峻形势，边区军民自己动手、自力更生、发展生产，终于成功走出困境，这种精神是战胜日本帝国主义、打败蒋介石的重要支撑。

1939年1月，面对在陕甘宁边区蔓延开来的经济困难，毛泽东在边区第一届参议会上发出了“发展生产，自力更生”的号召。边区政府主席林伯渠在向大会做的政府工作报告中说：“要支持长期抗战，应付与日俱增的经济困难，同时建立国防经济基础，改善人民生活，以加强抗战力量，扩大生产运动，成为目前重要战斗任务之一。”2月，中共中央在延安召开生产动员大会，毛泽东代表中央坚定地回答：“我们是确信我们能够解决经济困难的，我们对于在这方面的一切问题的回答就是‘自己动手’四个字。”6月，毛泽东在延安高级干部会议上又指出，“吃饭是第一个问题”，要求“自力更生，克服困难”。

在大生产运动中，毛泽东、周恩来、任弼时等中央领导同志自己动手开荒种菜，学习纺纱，更加激发了解放区军民生产的热忱。军民们不仅热情高涨地开荒种粮，而且亲自动手纺纱纺线，场面热火朝天。著名散文家吴伯箫的纪实性作品《延安纺车抒怀》，描述的是当年中央机关的干部、战士们在枣园举行纺线比赛的盛大场景。文中描述的情景为我们展现了一幅生动的画面：“那是盛大的节日赛会的场面。只要想想，天地是厂房，深谷是车间，幕天席地，群山环拱，世界上哪个地方哪个纺织厂有那样的规模呢？你看，整齐的纺车行列，精神饱满的竞赛者队伍，一声号令，百车齐鸣。别的不说，只那嗡嗡的响声就有飞机场上机群起飞的气势。”为了使边区大生产运动持续开展并向纵深发展，边区党、政、军在大生产运动中举办了农业展览会、工业展览会，开展了生产竞赛、劳模运动，以及改造“二流子”运动等。通过这些活动，涌现出了一批批先进集体与英雄模范人物，不仅推动了大生产运动的广泛深入发展，而且促进了边区农村其他各项事业的开展，改变了乡村的面貌。

坚持正确的政治方向，是自力更生、艰苦奋斗精神区别于传统的艰苦奋斗精神的根本点。1939 年，毛泽东在延安庆祝五一劳动节大会上说，共产党历来更提倡坚定正确的政治方向，这种坚定正确的政治方向，是与艰苦奋斗的工作作风不能脱离的，没有坚定正确的政治方向，就不能激发艰苦奋斗的工作作风；没有艰苦奋斗的工作作风，也就不能执行坚定正确的政治方向。延安精神正是这二者的有机结合。“一切为了前线、一切为了抗战”，为了神圣的民族救亡事业，人们认为吃苦、牺牲是光荣的。

南泥湾开荒种粮

1940 年 6 月，爱国华侨陈嘉庚不顾蒋介石的阻挠，毅然前往延安慰问。毛泽东是如何招待这位远道而来的客人的呢？一个旧圆桌面放在方桌之上，由于桌面陈旧不光洁，便用四张白纸遮盖以代替桌巾，一阵风把白纸吹掉，于是干脆弃之不用。吃的是什么呢？豆角、西红柿都是毛泽东在自家小院种的。唯一的荤菜就是一只鸡，毛泽东解释说："我没有钱买鸡，这只鸡是邻居老大娘知道我有远客，送给我的。母鸡正下蛋，她儿子生病还舍不得杀呀！"陈嘉庚大受震动，回到南洋后感慨地说，中国的希望在延安，在延安的窑洞里。

中国共产党的历届中央领导集体都高度重视延安精神在新的历史条件下的传承和弘扬。中华人民共和国成立不久，毛泽东就明确指出，希望"全国一切革命工作人员永远保持过去十余年间在延安和陕甘宁边区的工作人员中所具有的艰苦奋斗的作风"。党的十一届三中全会后，邓小平指出，要实现建设社会主义现代化强国的宏伟目标，"我们一定要宣传、恢复和发扬延安精神，解放初期的精神，以及六十年代初期克服困难的精神"。党的十六大之后，江泽民指出："无论过去、现在和将来，延安精神都不能丢。全党同志，一定要结合新的实际，大力弘扬延安精神，使延安精神成为我们党在新世纪团结和带领人民不断开创有中国特色社会主义事业新局面的强大精神动力，使延安精神永放光芒。"2006 年 1 月，胡锦涛在延安考察工作时指出："延安精神是我们党的性质和宗旨的集中体现，是我们党的优良传统和作风的集中体现，是中国共产党人崇高品德和伟大情怀的集中体现。革命战争年代需要大力弘扬延安精神，和平建设时期也需要大力弘扬延安精神。在全面建设小康社会的伟大征程中，我们要把延安精神作为凝聚人心、团结奋进的强大动力，作为战胜困难、夺取胜利的重要法宝，让延安精神放射出新的时代光芒。”习近平总书记强调指出：“要把红色资源利用好、把红色传统发扬好、把红色基因传承好。”延安精神，是中国革命精神之源、建党思想之基，作为中国共产党人红色基因和精神谱系的重要组成部分，已经深深融入中华民族的灵魂，成为贯通中国革命、建设和改革的精神血脉，成为社会主义核心价值观的丰富滋养，是鼓舞和激励14亿多追梦人努力奔跑的强大精神动力，更是广大党员干部加强党性锤炼、增强党性修养的最好教材。

奋斗百年路，启航新征程。今天，中国已全面建成小康社会，实现第一个百年奋斗目标，开启全面建设社会主义现代化强国新征程。延安精神，虽然产生于特定的时期和环境，但早已超越时空界限，具有永恒和普遍的精神魅力。党的十八大以来，习近平总书记就传承和弘扬延安精神，发表了一系列重要论述，反复强调“延安精神是中华民族优良传统的继承和发展，是我们党的性质和宗旨的集中体现”。中国共产党和中国人民以英勇顽强的奋斗向世界庄严宣告，中华民族迎来了从站起来、富起来到强起来的伟大飞跃，实现中华民族伟大复兴进入了不可逆转的历史进程。同新的历史任务和时代精神相结合的延安精神，仍然是我们在统筹中华民族伟大复兴战略全局和世界百年未有之大变局中战胜困难、勇往直前，不断从胜利走向新胜利的强大精神动力。

第七章

西柏坡精神

毛泽东同志当年在西柏坡提出“两个务必”，包含着对我国几千年历史治乱规律的深刻借鉴，包含着对我们党艰苦卓绝奋斗历程的深刻总结，包含着对胜利了的政党永葆先进性和纯洁性、对即将诞生的人民政权实现长治久安的深刻忧思，包含着对我们党坚持全心全意为人民服务根本宗旨的深刻认识，思想意义和历史意义十分深远。

——《习近平总书记在河北、兰考两地调研指导党的群众路线教育实践活动报道集》，人民出版社 2014 年版，第 3 页西柏坡位于河北省平山县中部，是党中央解放全中国的“最后一个农村指挥所”，“新中国从这里走来”。1947年5月，刘少奇、朱德率中央工委进驻西柏坡。1948年5月，毛泽东、周恩来、任弼时率领中共中央机关、解放军总部移驻西柏坡，次年3月离开这里前往北平。中共中央在西柏坡时期，是中国共产党历史上一个极其重要的伟大转折时期，也是我党在民主革命过程中最辉煌的时期。在这里，中共中央领导了全国土地改革，指挥了辽沈战役、淮海战役、平津战役三大战役，召开了著名的七届二中全会，为我们留下了宝贵的西柏坡精神。西柏坡精神是在中国共产党推动中国社会由战争走向和平、由革命走向建设的伟大转变过程中形成的，是中国共产党人的精神谱系的重要组成部分，具有丰富的内涵。西柏坡精神的主要内容是：谦虚谨慎、艰苦奋斗的精神，敢于斗争、敢于胜利的精神，依靠群众、团结统一的精神。

一、谦虚谨慎、艰苦奋斗

1945年7月4日下午，毛泽东专门邀请黄炎培等人到他家里做客。毛泽东问黄炎培，来延安考察了几天有什么感想？黄炎培坦率地说：“我生六十多年，耳闻的不说，所亲眼看到的，真所谓‘其兴也浡焉’，‘其亡也忽焉’。一人，一家，一团体，一地方，乃至一国，不少单位都没能跳出这周期率的支配力。大凡初时聚精会神，没有一事不用心，没有一人不卖力，也许那时艰难困苦，只有从万死中觅取一生。继而环境渐渐好转了，精神也就渐渐放下了，有的因为历时长久，自然地惰性发作，由少数演变为多数，到风气养成，虽有大力，无法扭转，并且无法补救，也有为了区域一步步扩大了。它的扩大，有的出于自然发展；有的为功业欲所驱使，强求发展，到干部人才渐见竭蹶，艰于应付的时候，环境则越加复杂起来了，控制力不免趋于薄弱了。一部历史，‘政怠宦成’的也有，‘人亡政息’的也有，‘求荣取辱’的也有。总之，没有能跳出这周期率。中共诸君从过去到现在，我略略了解的了，就是希望找出一条新路来，来跳出这周期率的支配。”对于共产党执政应如何跳出“其兴也浡焉，其亡也忽焉”的历史周期率这个历史性难题，我们党一直在思考。西柏坡时期，面对新的形势和任务，我们党召开了七届二中全会，毛泽东告诫全党：“务必使同志们继续地保持谦虚、谨慎、不骄、不躁的作风，务必使同志们继续地保持艰苦奋斗的作风。”

“两个务必”是毛泽东在新中国成立前夕召开的党的七届二中全会上提出的，是对中国共产党人长期革命实践的经验总结，它集中回答了共产党人如何正确对待胜利和执政的考验，如何防骄戒奢、居安思危，如何始终保持与人民群众血肉联系的重大问题，是西柏坡精神的核心内容，也是西柏坡精神中最具特色的内涵之一。具体而言，保持“谦虚、谨慎、不骄、不躁的作风”，就要不因胜利而骄傲，不以功臣自居，要继续地虚心学习，尊重群众，联系实际，调查研究，实事求是，科学决策。保持“艰苦奋斗的作风”，就要不因和平环境而图安逸，不因生活改善而不进取，不因有权而腐化，要继续地为人民服务，做人民的公仆，崇尚节俭，克己奉公。“两个务必”凝聚着我们党对历史教训的深刻反思，反映了执政党建设规律，是中国共产党保持自身纯洁性和先进性的重要法宝。

位于西柏坡村的中国共产党七届二中全会会址

三大战役结束后，面对即将胜利的革命形势，我们党敏锐地看到革命胜利以后，因为胜利，党内的骄傲情绪、以功臣自居的情绪、停顿下来不求进步的情绪、贪图享乐不愿再过艰苦生活的情绪可能滋长。因此，可能有这样一些共产党人，他们是不曾被拿枪的敌人征服过的，他们在这些敌人面前不愧英雄的称号，但是经不起人们用糖衣炮弹的攻击，他们在糖衣炮弹面前要打败仗，我们必须预防这种情况。正是基于对革命胜利后可能出现的各种复杂情况的科学预见和正确把握，毛泽东在党的七届二中全会上告诫全党：“夺取全国胜利，这只是万里长征走完了第一步……务必使同志们继续地保持谦虚、谨慎、不骄、不躁的作风，务必使同志们继续地保持艰苦奋斗的作风。”① 在这里，毛泽东以无产阶级政治家所特有的深远目光，把“两个务必”提到了胜利和执政后党风建设的突出地位。

“两个务必”在新时代仍然是我们党加强自身建设的重要法宝，对于我们党永葆先进性和纯洁性具有重大的现实意义。当前，在新的历史条件下，我们党面临的执政环境是复杂的，影响党的先进性、弱化党的纯洁性的因素也是复杂的，党内存在的思想不纯、组织不纯、作风不纯等问题依然存在，党面临的“赶考”远未结束。“全党必须铭记生于忧患、死于安乐，常怀远虑、居安思危”②，始终坚持“两个务必”，永远保持谦虚、谨慎、不骄、不躁的作风，永远保持艰苦奋斗的作风，时刻牢记“赶考”初心，坚决纠正各种不正之风，以零容忍态度惩治腐败，不断增强党自我净化、自我完善、自我革命、自我提高的能力，始终保持党同人民群众的血肉联系，继续把人民对我们党的“考试”、把我们党正在经受和将要经受各种考验的“考试”考好，走好新时代的赶考路，向历史、向人民交出优异答卷。

二、敢于斗争、敢于胜利

淮海战役，国民党称“徐蚌会战”，是解放战争时期中国人民解放军华东野战军、中原野战军在以徐州为中心，东起海州（今连云港市海州区），西至商丘，北起临城（今枣庄市薛城区），南达淮河的广

---

① 中共中央文献研究室．十六大以来重要文献选编：上．北京：中央文献出版社，2005：78.

② 中共中央关于党的百年奋斗重大成就和历史经验的决议．北京：人民出版社，2021：73.

大地区，对国民党军进行的战略性进攻战役。它是一场人民解放军在战役总兵力上劣于国民党军队的情况下展开的大歼灭战，也是歼敌最多的一场战役。人民解放军以前所未有的压倒一切敌人的气势，以60万对80万，经过66天艰苦战斗，歼敌55.5万人。辽沈战役、淮海战役和平津战役被称为解放战争中的三大战役。短短4个多月时间，三大战役紧紧衔接，环环相扣，人民解放军充分发扬勇于战斗、不怕牺牲、不怕疲劳和连续作战的作风，敢打敢拼、一往无前，共争取起义、投诚、接受和平改编与歼灭国民党正规军144个师，非正规军29个师，合计154万余人。国民党赖以维持其反动统治的主要军事力量基本被消灭。三大战役奠定了人民解放战争在全国胜利的基础，也创造了中国和世界战争史上的奇迹。三大战役是我们党在战略上藐视敌人、在战术上重视敌人，敢于斗争、敢于胜利的光辉典范，充分体现了“敢于斗争、敢于胜利，是党和人民不可战胜的强大精神力量”[①]。

敢于斗争、敢于胜利，是中国共产党在解放战争中敢于决战决胜的革命进取精神的光辉写照，是我们党在战略大决战的伟大斗争中形成的宝贵精神。首先，这一精神体现于我们党敢于抓住时机进行战略大决战的决策部署，体现于我党我军敢于打前所未有的大歼灭战。西柏坡时期，中国人民经过长期艰苦卓绝的斗争，已经处于夺取全国胜利的革命高潮中，革命与反革命的斗争比以往更激烈、更残酷，形势瞬息万变。尽管人民解放军不断发展壮大，但同国民党军队相比仍存在较大差距，我们党领导的人民军队还从未打过大歼灭战和阵地战。但以毛泽东为首的党中央以高瞻远瞩、胸有成竹的战略眼光和多谋善断的惊人胆略，在及时抓住战略决战的有利时机的同时，又根据当时

① 中共中央关于党的百年奋斗重大成就和历史经验的决议．北京：人民出版社，2021：69.

全国形势，果断地展开了辽沈、淮海和平津三大战役，对敌人发起了前所未有的大歼灭战。其次，这一精神体现于我们党敢于将革命进行到底。1948 年年底，即将被革命彻底摧垮的蒋介石又一次玩弄起了“和谈”的花招，以求得喘息之机。看清问题本质的毛泽东对此进行了无情的揭露和回击，发表了《将革命进行到底》的新年献词，庄严地宣告：“已经有了充分经验的中国人民及其总参谋部中国共产党，一定会像粉碎敌人的军事进攻一样，粉碎敌人的政治阴谋，把伟大的人民解放战争进行到底。”1949 年 4 月 21 日，毛泽东、朱德发布《向全国进军的命令》，解放军百万雄师挥师南下，强渡长江，一举摧毁国民党苦心经营 3 个半月的长江防线，占领南京，宣告了延续 22 年的国民党反动统治覆灭，而后，进军西南，展开战略追击。

敢于斗争、敢于胜利是中国共产党在敌强我弱态势下非凡的胆识和气魄的鲜明写照。1948 年秋，人民解放战争进入了夺取全国胜利的决战阶段。此时，敌我力量发生了有利于我方的变化。人民解放军由战争开始时的 120 万人发展到了 280 万人，装备上也有了很大改善，建立了炮兵和工兵部队，提高了攻坚作战的能力；解放区面积和人口分别上升至全国总数的 24.5%和 35.3%，大部分地区完成了土地改革，人民士气高涨。而国民党军队由原来的 430 万人下降为 365 万人，由“全面防御”转入“重点防御”。但国民党在总兵力上仍超过人民解放军，装备整体也比人民解放军好，并且占有全国 3/4 的地区和 2/3 的人口，总的态势仍是敌强我弱。在这种状况下，敢不敢抓住时机进行决战、歼灭敌人的强大兵团，成为战略决策上的重大问题。1948 年，在西柏坡召开了中共中央政治局会议（又称九月会议），会上明确提出在 5 年左右的时间内（从 1946 年 7 月算起），建设 500 万人民解放军，歼敌正规军 500 个旅，从根本上打倒国民党反动派。会议要求人民解放军要敢于打前所未有的大仗，敢于同敌人的大兵团作战，敢于攻击敌人防守的大城市，夺取全国胜利。正是在这种历史背景下，中国人民解放军与国民党军队展开了三大战役，进行了渡江战役，最终赢得了革命的胜利。

东北人民解放军在辽沈战役中进攻锦州

敢于斗争、敢于胜利，是我党我军不畏强敌、敢于拼搏的勇气和信心，实质上是敢于对人民负责，是无产阶级大无畏精神的集中体现。这种精神基因一直流淌在党的血脉之中。习近平总书记指出："以史为鉴、开创未来，必须进行具有许多新的历史特点的伟大斗争。敢于斗争、敢于胜利，是中国共产党不可战胜的强大精神力量。实现伟大梦想就要顽强拼搏、不懈奋斗。今天，我们比历史上任何时期都更接近、更有信心和能力实现中华民族伟大复兴的目标，同时必须准备付出更为艰巨、更为艰苦的努力。"① 中国共产党是敢于斗争、敢于胜利的伟大政党。多年来，我们党正是因为坚持敢于斗争、敢于胜利

① 习近平．在庆祝中国共产党成立100周年大会上的讲话．北京：人民出版社，2021：17.

的精神，初心不改，矢志不渝，团结带领人民经历千难万险，攻克了一个又一个看似不可攻克的难关，创造了一个又一个彪炳史册的人间奇迹。我国越是发展壮大，遇到的阻力和压力就会越大，面临的外部风险就会越多，同各种敌对势力做斗争就会越激烈。当前，我们党要团结带领人民有效应对重大挑战、抵御重大风险、克服重大阻力、解决重大矛盾，必须进行具有许多新的历史特点的伟大斗争，必须弘扬敢于斗争、敢于胜利的精神，提高斗争本领，不断夺取伟大斗争新胜利。只要我们把握新的伟大斗争的历史特点，抓住和用好历史机遇，下好先手棋、打好主动仗，发扬斗争精神，增强斗争本领，凝聚起全党全国人民的意志和力量，就一定能够战胜一切可以预见和难以预见的风险挑战[①]。

1949 年 2 月 8 日，毛泽东以中央军委名义复电第二、第三野战军，提出："军队不但是一个战斗队，而且主要地是一个工作队。军队干部应当全体学会接收城市和管理城市，懂得在城市中善于对付帝国主义和国民党反动派，善于对付资产阶级，善于领导工人和组织工会，善于动员和组织青年，善于团结和训练新区的干部，善于管理工业和商业，善于管理学校、报纸、通讯社和广播电台，善于处理外交事务，善于处理各民主党派、人民团体的问题，善于调剂城市和乡村的关系，解决粮食、煤炭和其他必需品的问题，善于处理金融和财政问题。"[②] 这 11 个善于强调人民军队要变为工作队，正是我们党"善于破坏旧世界、善于建设新世界"的西柏坡精神在工作重心转移方面的具体化。

---

① 中共中央关于党的百年奋斗重大成就和历史经验的决议．北京：人民出版社，2021：69-70.

② 毛泽东．毛泽东军事文集：第 5 卷．北京：中央文献出版社，1993：495.

西柏坡时期，随着解放战争势如破竹地推进，“打倒蒋介石，解放全中国”，建设一个新世界作为一个现实的问题摆在了党和人民面前。我们党必须善于正确处理新旧社会交替时期的各种矛盾。这就要求我们党一方面要善于打碎旧的国家机器和经济制度，以及旧社会遗留下来的各种腐朽、落后的东西；另一方面又要善于在继承以往社会有益的优秀的发展成果基础上不断开拓创新，全力推进历史的转折进程。1949 年 3 月 5 日，在西柏坡召开的党的七届二中全会上，毛泽东提出：“我们不但善于破坏一个旧世界，我们还将善于建设一个新世界。”毛泽东提出的这“两个善于”，是建立在对新中国建设事业客观冷静的分析之上的，对中国共产党全体党员和新中国每一个建设者来说，可谓振聋发聩，意味深远。

首先，善于破坏旧世界、善于建设新世界突出体现在我们党接管城市工作方面。城市在政治、经济、文化和军事等方面具有多种功能，尤其在破坏一个旧世界、建设一个新世界的历史转折时期，对革命政权建设和经济建设具有重大意义。西柏坡时期，随着人民解放军对大城市的攻占，接管城市工作成为一个迫切的现实问题。对此，中共中央十分关注，对城市的攻占和保护、对城市的接管、对官僚资本的接收等提出一系列政策，发出一系列指示。1948 年 4 月 8 日，毛泽东和中共中央就在攻克洛阳后给洛阳前线指挥部以及各前线和地方的干部的电报中，对城市各项工作的接管做出了明确规定，强调“严禁破坏任何公私生产资料和浪费生活资料，禁止大吃大喝，注意节约”，“城市已经属于人民，一切应该以城市由人民自己负责管理的精神为出发点”。该电报还指出，对于城市官僚资本要有明确界限，不要将国民党人经营的工商业都叫官僚资本而加以没收。“一切民族资产阶级经营的企业，严禁侵犯。”沈阳作为东北的工业中心，解放后，以陈云为主任的军管会按照“各按系统，自上而下，原封不动，先接后分”的接收工作方针，采取正确的接管政策和措施，完整地接管了官僚资本企业。沈阳市军管会接管官僚资本工业企业的经验、措施和成就，受到了中共中央的肯定，也为后来全国其他城市的接管提供了宝贵的经验。其次，善于破坏旧世界、善于建设新世界还体现在我们党对新中国建设蓝图的精心绘制上。我们党充分发扬善于破坏旧世界、善于建设新世界的精神，科学地创立了人民民主专政的崭新国家制度，探索新中国的经济结构和经济政策，确立民族区域自治政策并制定独立自主的外交政策等一系列制度，为我们即将建立的新中国美好的未来绘制了宏图。

三、依靠群众、团结统一

西柏坡时期，党面临着夺取中国革命最后胜利的艰巨任务。任务越艰巨，越是要求党比以往任何时候都要更加紧密地团结最广大的人民群众，团结各民主党派和各界民主爱国人士，共同完成历史赋予的光荣任务。依靠群众、团结统一是我们党践行群众路线的基本要求，是西柏坡精神的重要组成部分。

随着革命形势的迅速发展，中国共产党依靠群众，发动群众，进行土地制度的彻底改革，极大地调动了广大农民参战和生产的积极性，获得了足以战胜一切敌人的最基本的条件。同时，中国共产党特别强调加强团结和集中统一领导，并提出要按照民主集中制原则，团结一切可能团结的力量，与各民主党派、民主人士长期合作，建立无产阶级领导的以工农联盟为基础的人民民主专政的共和国。这一时期所形成的依靠群众、团结统一的精神，充分调动了全党、全军、全国各族人民和各方面人士的积极性，成为党领导人民完成中国革命伟大转变的根本原因，在全社会凝聚起建设新中国的无限热情和昂扬斗志。

依靠群众、团结统一是西柏坡时期土地改革运动经验的结晶。想要依靠群众首先得为了群众，着力解决人民群众最关心最直接最现实的利益问题，在当时的历史条件下即是解决农民的土地问题。1947年7月至9月，全国土地会议召开。刘少奇在全国土地会议上明确指出，“解决土地问题是直接关系到几百万几千万人的问题，就全中国来说，是几万万人的问题。这直接是农民的利益，同时也是全民族的利益，是中国人民最大的最长远的利益，是中国革命的基本任务”，“是争取爱国自卫战争胜利最基本的一环，有决定意义的一环”，“解决力量对比关系，就要实行土地改革。蒋介石靠美国，我们是靠老百姓。但靠老百姓要有两个条件：第一个就是反对地主，平分土地；第二个就是民主，不准许站在人民头上屙屎撒尿。这两个条件我们可以做到，做不到就不象个共产党的样子”[①]。土地改革是一次内容广泛的农村社会大变革。为保证土改的彻底性，充分调动农民参战和生产的热情，中共中央从一开始就强调充分依靠群众，放手发动群众，让农民自己解决土地问题。1947年10月，《中国土地法大纲》公布，该大纲强调废除封建性及半封建性的土地制度，规定把土地无偿平均分配给无地少地的农民，明确农民大会及其选出的委员会为土改的合法执行机关，对于违抗和破坏土地改革的罪犯，要由人民法庭进行审判和处分。人民法庭由农民大会或农民代表会所选举及由政府所委派的人

① 刘少奇．刘少奇选集：上卷．北京：人民出版社，1981：394-395.

员组成，在土改期间，由乡村农民大会或其委员会指定人员，负责保护土地改革的程序及保护人民的财富。这一系列规定体现了鲜明的人民立场，充分彰显了人民至上的价值理念。除此之外，党在西柏坡时期充分吸取历史教训，确立了依靠贫雇农，联合中农，限制富农，消灭地主阶级的土地改革路线，耐心纠正土改中侵犯中农利益、破坏工商业、排斥党外人士的错误倾向，其目的在于团结农民的大多数，将土地改革与统一战线相结合。

中国共产党颁布《中国土地法大纲》

依靠群众、团结统一是争取中国革命胜利的有力武器。土地改革不仅解放了广大的贫苦农民群众，而且还团结起广大中农、知识分子和工商业人士，吸引了一批开明的地主、士绅转向倾向革命，拥护中国共产党，支持人民解放战争。亿万群众迸发出巨大的参军参战热情，为推进战略进攻和夺取全国胜利提供了源源不断的人力物力支持。“前线需要什么，我们就送什么，战争打到哪里，车轮就推到哪里。”这是当时山西的一位老雇农对党领导的革命发自内心的支持。淮海战役期间，80万国民党军队所面临的是人民战争的汪洋大海：有543万民工活跃在淮海战场，随军作战的常备民工达100多万人，平均下来，每一个解放军战士就有10个民工的支持。他们的武器是：29万副担架，88万辆小推车，62万头牲畜，16万根扁担……陈毅曾生动地讲：淮海战役的胜利是人民群众用小车推出来的。当年解放区广为流传着一首支前歌谣：“最后的一碗饭，送去做军粮；最后的一尺布，送去做军装；最后的老棉被，盖在担架上；最后的亲骨肉，含泪送战场……”三大战役期间，全国支前民工达到880多万人，是人民解放军投入部队总数的4倍多。除东北解放区外，各地几乎没有机械化运输工具，各种物资和伤病员的运输全靠民工以体力或手工工具完成。得民心者得天下，我们党依靠人民，就能克服困难战胜强敌，就能取得革命事业的胜利。正如毛泽东所言：“战争的伟力之最深厚的根源，存在于民众之中。”①

依靠群众、团结统一是加强党的纪律性和发展党内外民主的生动体现。西柏坡时期，党中央特别强调坚持民主集中制原则，严格党的纪律性，以加强党的集中统一领导，增进党内团结。1948年，毛泽东在中共中央政治局九月会议上指出，我们的战略方针是打倒国民党，战略任务是军队向前进，生产长一寸，加强纪律性。一方面，全党同志要以全力来做这件事，要在战争的第三年内，在全党全军克服无政府、无纪律状态，把一切应当集中的权力集中在党中央和中央代

① 毛泽东．毛泽东选集：第2卷．2版．北京：人民出版社，1991：511.

表机关手中；另一方面要发展党内民主，办法是用代表大会、代表会议代替干部会议。对此，任弼时也曾指出："华北解放区现在已有相对的和平，党内党外均应强调民主，建立民主制度，而且制度必须实行。"[①] 这一时期，请示报告制度、党委会议制度、党的代表大会和代表会议制度等各种制度相继建立健全。这对健全党的政治生活，集中全党智慧，总结各地新鲜经验，统一政策，整齐步调，为建设统一的新中国而奋斗具有极其重要的意义。我们党不仅注重发扬党内民主，而且十分重视发扬党外民主，积极与各民主党派、民主人士团结合作，推动人民民主统一战线建设。

1948 年 4 月 30 日，中共中央发出"五一"口号，号召各民主党派、各人民团体、各社会贤达，召开新政协会议，共商成立民主联合政府等问题。民主党派热烈响应，纷纷建言献策。不久，毛泽东在 1949 年新年献词中庄严宣布 1949 年将要召集没有反动分子参加的以完成人民革命任务为目标的政治协商会议，宣告中华人民共和国的成立，并组成共和国的中央政府。1949 年 1 月 22 日，李济深、沈钧儒等民主党派的领导人和著名的无党派民主人士 55 人联合发表《对时局的意见》。这个政治声明表明，中国各民主党派和无党派民主人士自愿接受中国共产党的领导，决心走人民革命的道路，拥护建立人民民主的新中国。1949 年 3 月 5 日，毛泽东在党的七届二中全会上正式提出："我党同党外民主人士长期合作的政策，必须在全党思想上和工作上确定下来。"[②] 中国共产党领导的多党合作和政治协商格局的形成为党外民主人士广泛参与新中国各项建设提供了制度平台，是西柏坡时期中国共产党坚持依靠群众、团结统一精神的光辉典范。

---

① 中共中央文献研究室．任弼时传：下册．北京：中央文献出版社，2014：841.

② 毛泽东．毛泽东选集：第 4 卷．2 版．北京：人民出版社，1991：1437.

“团结奋斗是中国人民创造历史伟业的必由之路。”① 坚持团结奋斗，实现党的团结统一、党同人民群众的紧密团结、统一战线的大团结，是推进马克思主义中国化时代化的题中应有之义，是党百年奋斗形成的宝贵历史经验，也是解决前进道路上各种现实问题的需要。在新的征程上，我们仍迫切需要发扬依靠群众、团结统一的精神，坚持以人民为中心的发展思想，践行党的群众路线，推动人的全面发展、全体人民共同富裕取得更为明显的实质性进展；坚持和完善中国共产党领导的多党合作和政治协商制度，充分发挥我国社会主义新型政党制度优势，推进社会主义协商民主广泛多层制度化发展。

2013 年 7 月，习近平总书记在西柏坡考察时深情地说：“西柏坡我来过多次，每次都怀着崇敬之心来，带着许多思考走。对我们共产党人来说，中国革命历史是最好的营养剂。”西柏坡精神，是中国共产党人在革命时期铸就的一座精神丰碑，是中国共产党弥足珍贵的精神财富，激励着一代代共产党人不畏艰难、艰苦奋斗，不断从胜利走向新的胜利。今天，我们比历史上任何时期都更接近、更有信心和能力实现中华民族伟大复兴的目标。但中华民族伟大复兴，绝不是轻轻松松、敲锣打鼓就能实现的。当前，进行具有许多新的历史特点的伟大斗争，深入推进党的建设新的伟大工程，坚持和发展中国特色社会主义，实现中华民族伟大复兴中国梦，仍然需要我们大力弘扬西柏坡精神。自觉弘扬西柏坡精神，赓续党的革命精神，才能在新的征程上更加坚定、更加自觉地牢记初心使命、开创美好未来。

① 习近平．高举中国特色社会主义伟大旗帜，为全面建设社会主义现代化国家而团结奋斗：在中国共产党第二十次全国代表大会上的报告．北京：人民出版社，2022：70.

第八章

红岩精神

解放战争时期，众多被关押在渣滓洞、白公馆的中国共产党人，经受住种种酷刑折磨，不折不挠、宁死不屈，为中国人民解放事业献出了宝贵生命，凝结成“红岩精神”。

——《用好红色资源，传承好红色基因，把红色江山世世代代传下去》，《求是》2021 年第 10 期

“红岩荒谷耳，抗日显光辉。”红岩，因作为抗日战争时期和解放战争初期中共中央南方局领导机关所在地和重庆谈判期间中共代表团驻地，而与中国革命的历史紧密联系在一起。中共中央南方局从1939年1月在重庆正式成立到1946年5月东迁南京，在近8年的时间里，以周恩来、董必武、叶剑英等为代表的中国共产党人，创造性地贯彻执行党中央正确的路线、方针、政策，在极其艰险复杂的政治和社会环境中，经历了风雨如磐的革命斗争岁月，谱写了独树一帜的壮丽篇章，为中华民族的独立和人民的解放事业建立了不朽的历史功绩，培育形成了伟大的红岩精神。

八路军重庆办事处暨中共中央南方局旧址

红岩精神与大多数中国共产党革命精神诞生环境不同，它诞生在以国民政府战时首都重庆为中心的统治区域中，与中国共产党所处的历史方位和党的抗日民族统一战线方针政策直接相连，贯穿南方局历史始终。中共中央南方局，是中国共产党为适应抗日战争相持阶段到来后形势的发展和斗争的需要，派驻国民党统治中心重庆的代表机构，是中共中央建立在大后方和国统区的前哨阵地和战斗堡垒。解放战争后期，曾在南方局领导下的重庆地下党组织遭到大破坏，被捕的共产党员及革命志士多数被集中关押在渣滓洞和白公馆监狱，特别是以许晓轩、江竹筠、王朴、陈然等为代表的革命英烈，以大无畏的英雄气概经受住了种种酷刑折磨，临难毋苟免，以身殉真理，为中国人民解放事业献出了宝贵生命，谱写了一曲感天动地的人生壮歌，进一步丰富和发展了红岩精神。红岩精神的科学内涵是“坚如磐石的理想信念、和衷共济的爱国情怀、艰苦卓绝的凛然斗志、百折不挠的浩然正气”。

一、坚如磐石的理想信念

“红岩上红梅开，千里冰霜脚下踩，三九严寒何所惧，一片丹心向阳开”。这首《红梅赞》一直在被传唱，凌霜傲雪、正义凛然的革命风骨跃动在音符之间，它是革命者的宣言，是矢志不渝、坚守共产主义理想信念的颂歌，身着蓝旗袍、红线衣、白围巾的江姐形象已定格为经典画面。江姐原名为江竹筠，是一位身高 1.45 米的娇小女子。柔弱的身板中蕴藏的是共产党员的钢筋铁骨。她强忍失去丈夫的悲痛，毅然接替丈夫的工作继续战斗。因叛徒出卖，她不幸被捕，受尽了国民党军统特务的各种酷刑，敌人甚至把竹签钉进了她的十指。面对敌人的严刑拷打，她怒斥道："竹签子是竹子做的，共产党员的意志是钢铁铸成的。"在重庆解放前夕，她被特务杀害，为共产主义理想献出了生命，年仅 29 岁。

坚如磐石的理想信念是红岩精神的灵魂。坚定理想信念，坚守共产党人的精神追求，始终是共产党人安身立命的根本。南方局共产党人始终坚持和坚守追求民主政治、实现民族解放的政治理想，始终抱定"为了新中国""为了实现共产主义"的革命理想和信念，坚定对党所领导的民族民主革命必定取胜的信心。

南方局书记周恩来是坚定理想信念的楷模，从西安事变到抗战胜利，周恩来一直为与国民党团结商谈而奔走于重庆、延安之间，"十年谈判谈老了周恩来"，但他始终身怀"为中国人民谋幸福、为中华民族谋复兴"的初心和使命，与国民党进行有理有利有节的斗争，维护全民族抗战的大局。面对国民党发动的第二次反共高潮，特别是"皖南事变"后的严峻形势，周恩来激励大家："黑暗是暂时的，光明一定会到来!"在他的带领下，南方局一大批共产党人和革命志士，始终坚定理想信念，置个人的安危于不顾，不怕坐牢，不怕杀头，积极地开展各项工作。南方局委员廖承志一生 7 次坐牢，但从未悲观，积极乐观的革命精神源于他对党的事业的无限忠诚和对共产主义理想信念的坚定不移。南方局委员吴玉章，面对国民党多次拉拢与说服，始终旗帜鲜明地拥护与捍卫中国共产党的地位和共产主义的信仰，绝不"二三其德"。南方工作委员会副书记张文彬不幸被捕，特务多次想从他身上打开缺口均无功而返，虽身陷囹圄，却时常鼓励同志"坚持到底"，留下了"宁为玉碎，不为瓦全"的铮铮誓言。鄂西特委书记何功伟被捕入狱后，面对各种诱惑仍不改自己的政治信仰，不背叛党组织，决不放弃对共产主义的追求，实现了“为天地存正气、为个人全人格”。川康特委书记、《新华日报》成都分销处负责人罗世文被捕后始终坚贞不屈，面对生与死、自由与监禁的抉择，他用自己的血肉之躯，战胜了敌人残酷刑罚的折磨，经受住了高官厚禄的威逼利诱，成立了狱中临时支部来领导狱中斗争，临终前留下遗信：“坚决面对一切困难，高扬我们的旗帜。”

抗日战争胜利后，毛泽东在这里进行了决定中国前途命运的重庆谈判，面对针锋相对的谈判，毛泽东认为：“前途是光明的，道路是曲折的。我们面前困难还多，不可忽视。我们和全体人民团结起来，共同努力，一定能够排除万难，达到胜利的目的。”①

只有具备了坚如磐石的理想信念，才会有自觉的、无畏的奉献行为，这是支撑红岩共产党人不懈奋斗的力量源泉。正是出于对理想信念的坚定追求，南方局领导或影响下的一大批共产党人和革命志士，把天下兴亡的责任担在肩上，“把民族的利益看得高于一切”，不畏强敌、英勇斗争。一大批从事党的秘密工作的同志，冒着生命危险深入虎穴，忍辱负重，贫贱不移，富贵不淫，始终保持着共产党人的高尚气节；一大批家庭条件优越的革命者为了民族解放和崇高理想，甘愿为党的事业抛洒热血；一大批仁人志士历经风雨，以牺牲生命诠释对共产主义理想的忠贞不渝。古承铄烈士宣誓：“我是真理的信徒，我是正义的战士，我要永远永远为人类的自由幸福而战！”何敬平烈士道：“为了免除下一代的苦难，我们愿——愿把这牢底坐穿！”周从化烈士高喊：“失败膏黄土，成功济苍生。”车耀先烈士“愿以我血献后土，换得神州永太平”。江竹筠烈士“以建设新中国为志”。这

① 毛泽东．毛泽东选集：第4卷．2版．北京：人民出版社，1991：1163.

些悲壮的诗句正是共产党人和革命志士坚如磐石的理想信念的生动表达。

二、和衷共济的爱国情怀

周恩来曾说，“整个红岩嘴、曾家岩以及化龙桥的同志都团结得像一个人一样，手携手地、肩并肩地，一道奋斗、一道工作”，“丝毫无松懈对国家民族的努力”，始终坚持“为人民谋利益”。他经常告诫同志们，应该在千军万马中敢于与人家来往，说服教育人家，向人家学习，团结最广泛的人们一道斗争。他自己甚至同有过“宿怨”的原国民党中统总干事张冲“由公谊而增友谊”，在两党合作中“推诚相见，绝未以一时恶化，疏其关系”，留下了一段“安危谁与共，风雨忆同舟”的佳话。南方局经济组组长许涤新，主要从事对经济实业界的统战工作。由于国民党的造谣诬蔑，许多资本家对中共有很深的隔膜。在遭受了无数次的白眼、冷落和敌意的“送客”后，他仍坚毅地一次又一次递进名片，慢慢取得较开明资本家的信任，建立起了友谊，从而深入重庆工商界，团结了一大批民族资本家。

和衷共济的爱国情怀是红岩精神的优良传统。中共中央南方局以民族大义为重，以人民利益为先，始终坚持党的群众路线，坚持民主团结的统战思维，广泛团结国统区抗日民主力量，积极巩固和扩大抗日民族统一战线。当年，统战工作不仅是南方局的首要任务，更是其开展得最为成功的工作。以周恩来为代表的南方局共产党人，以中共代表团或国民参政员的公开身份同国民党当局打交道，推动国民党坚持抗战到底；加强对中间党派、无党派人士、地方实力派的团结工

曾家岩的周恩来塑像

作，支持并推动中国国民党革命委员会、中国民主同盟、中国民主建国会、九三学社等民主党派或其前身的成立；同文化知识界、民族工商界、开明士绅、少数民族、宗教界和海外华侨等各方面人士进行广泛接触，与他们风雨同舟，团结奋斗。

南方局充分利用公开文化机构，广泛团结进步知识分子，以雾季戏剧演出冲破顽固派的文化封锁，掀起国统区进步文化运动的高潮；关心保护爱国知识分子，组织被誉为“抗战以来最伟大的抢救工作”的香港大营救；推动抗战文化繁荣，举办“星五聚餐会”，引导民族工商业走上中国共产党领导的新民主主义革命道路；帮助爱国华侨司徒美堂回国抗战，支持各界人士积极投入抗日救亡运动；积极开展国际反法西斯统一战线工作，促成中外记者团访问延安。1945 年，董必武出席创建联合国大会期间，广泛结交外国朋友，提高了我党的国际地位，争取了国际社会对中国共产党的普遍了解和支持。

中共中央南方局始终创造性地贯彻制定党中央的决策部署，把党的正确主张变为群众的自觉行动。抗战相持阶段到来后，中共中央号召："一切国民党区域的共产党，必须有步骤、有深远计划的……去进行群众组织工作，群众教育工作与群众生活改善工作。"[①] 为了人民的生存，南方局职工组利用中国劳动协会这一合法组织，团结和发动工人，举办工友夜校，组织工人互助会等。抗战胜利后，面对工人失业严重，领导工人群众积极开展争取生存权利、改善生活待遇、反饥饿要温饱的经济斗争。为了在群众中扎根，南方局根据中央"隐蔽精干、长期埋伏、积蓄力量、以待时机"的十六字方针和国统区实际情况，要求共产党员实行"三勤"（勤业、勤学、勤交朋友）、"三化"（社会化、职业化、合法化），做好本职工作，指示广大党员要深入城乡，扎根群众，在联系群众、融入社会的同时，不被浊流所淹没，保持共产党员的先进性。广西省工委书记钱兴在组织遭到破坏后，带领战友们转移到桂东山区，开荒种地、烧石灰、当挑夫，与当地群众建立血肉联系，终于使党组织得到恢复和发展，为后来广西革命高潮的到来奠定了坚实的基础。担任战时儿童保育总会直属第三保育院院长的赵君陶，在从事儿童保育工作6年多的时间里，将公开和秘密工作相结合开展了出色的革命工作，使直三院成为党领导下的坚固秘密据点。川东特委书记廖志高就职于重庆税务局，组织部秘书荣高棠在电力公司工作，更多的党员深入城乡当了中小学教师，扎根群众，广泛联系群众，不仅使党组织得到了更好的隐蔽，渡过了难关，而且创造了许多新的群众工作方式方法，开展了卓有成效的保卫群众利益和争取民主权利的斗争。

中共中央南方局始终遵循人民群众是历史的主体地位，相信群

---

① 沙健孙．中国共产党史稿（1921—1949）：第4卷．北京：中央文献出版社，2006：288.

众、依靠群众，赢得大后方人民群众的一致支持和拥护，为中华人民共和国的成立奠定了政治基础和群众基础。南方局在极其艰难的条件下，直接领导《新华日报》、《群众》周刊的出版和发行工作，使之成为中国共产党在国统区公开宣传党的抗日民族统一战线政策的主要阵地。《新华日报》和《群众》周刊作为“一切抗日的个人、集团团体、党派的共同喉舌”，坚定地站在广大人民群众一边。抗战胜利后，毛泽东为了国家前途和人民利益，在亲赴重庆谈判的43天中，拜访和会见了许多国民党上层人物、爱国民主人士、民族工商业者、外国驻华使馆官员、国际友人和中外记者，多次举行各党派和各界人士座谈会，向他们阐明共产党的主张，赢得了大后方民众的广泛支持。其后，围绕着毛泽东到重庆谈判和政治协商会议的召开，南方局又根据中共中央方针，发动和领导了国民党统治区的和平民主运动，进一步发展了人民民主统一战线。经过南方局培养的革命青年，随学校、机关、工厂复员到全国各地大中城市，成为推动形成第二条战线的中坚力量。第二条战线的形成，为争取民族独立和人民解放，最终建立新中国创造了有利的政治基础和群众基础。

民心是最大的政治，群众路线是党的最大优势。中国共产党从人民中走来、依靠人民发展壮大，历来有着深厚的人民情怀。在南方局的革命实践中，坚持原则性与灵活性、上层活动同下层活动、公开活动和秘密活动相结合，充分展现了南方局群众工作的斗争策略和群众工作的方式方法，也充分展示了南方局老一辈无产阶级革命家的人民情怀。周恩来写下的《我的修养要则》以“永远不脱离群众”反躬自勉，董必武为六毛钱向中央做检讨的自律和自省，关押在渣滓洞、白公馆的共产党人和革命志士在生命即将走向终点之时用鲜血和生命总结出的“狱中八条意见”，所体现的对党的忠诚和对革命事业的高度负责，无不蕴含着深厚的群众观念与人民意识，无不体现出崇高思想境界心系人民的本质特征。始终保持同人民群众的血肉联系，是党战胜一切困难和风险的根本保证。

三、艰苦卓绝的凛然斗志

1941 年 1 月，国民党顽固派掀起第二次反共高潮，制造了震惊中外的“皖南事变”，将国共合作抗战局面引向破裂的边缘。面对危局，周恩来处乱不惊，写出了“为江南死国难者志哀!”“千古奇冤，江南一叶；同室操戈，相煎何急?!”的题词和挽诗。仅用了 25 个字，就巧妙深刻地使国民党统治区广大民众了解了国民党顽固派制造“皖南事变”的真相。

艰苦卓绝的凛然斗志是红岩精神的政治品格。敢于斗争、善于斗争，是中国共产党不可战胜的强大精神力量，是中国共产党最鲜明的精神特质，是我们党在百年奋斗历程中取得的十条历史经验之一。我们党诞生于国家内忧外患、民族危难之时，在斗争中诞生、在斗争中发展、在斗争中壮大，一路走来，不怕牺牲、英勇斗争的英雄本色历久弥坚。

全民族抗战时期和解放战争初期，中共中央南方局把维护以国共合作为基础的抗日民族统一战线、推动抗日战争向前发展作为首要任务，坚定地贯彻执行中共中央“坚持抗战，反对投降；坚持团结，反对分裂；坚持进步，反对倒退”的方针，与国民党的妥协投降势力和反共反民主行径做坚决斗争，体现了以周恩来为代表的南方局共产党人艰苦卓绝的凛然斗志。

中国共产党人在国民党顽固派发动的反共高潮中展现出顽强的斗争精神和巧妙的斗争艺术。面对危局，周恩来、董必武等中共中央南方局领导人临危不乱，坚守重庆阵地，执行中共中央“政治上全面攻势，军事上守势”的斗争策略，对国民党顽固派发动了猛烈的政治攻势，击退了国民党顽固派第二次反共高潮。全民族抗战期间，中共中央南方局广泛争取国内外进步力量的同情和支持，配合抗日民主根据地粉碎了国民党顽固派发动的三次反共高潮，几度力挽濒临破裂的国共关系，维护国共合作和团结抗战局面直至抗战胜利。

中国共产党人在重庆谈判中展现出高超的斗争本领和灵活的斗争方式。抗战胜利后，毛泽东为了国家前途和人民利益，以“弥天大勇”赴重庆与国民政府进行谈判。在43天的重庆谈判中，以毛泽东同志为主要代表的中国共产党人坚持底线思维，处处以党和人民利益为重，灵活应变，适当做出必要的不伤害人民根本利益的让步。采用国内外舆论联动、情报统战互动、军事政治配合的谈判斗争方式，中国共产党在这场非对等谈判中，迫使国民党承认和平建国的基本方针，同意“长期合作，坚决避免内战，建设独立、自由和富强的新中国”，在国民党统治区和各民主党派中扩大了影响。

中国共产党人在国民党的监狱里展现出坚韧的斗争意志和坚定的斗争信念。抗战胜利后，国民党当局逮捕的数百名共产党员和革命志士先后被关押进军统重庆集中营白公馆、渣滓洞看守所。在国民党监狱这个特殊的战场上，他们以坚定的理想信念和坚毅的革命意志，经受住了酷刑的折磨和高官厚禄的诱惑，针锋相对敢于斗争，有理有节善于斗争，坚持斗争到底，直到生命的最后一刻。

渣滓洞看守所旧址

四、百折不挠的浩然正气

〈为人〉进出的门紧锁着，
为狗爬走的洞敞开着，
一个声音高叫着：
——爬出来呵，给尔自由！
我渴望着自由，但也深知到［道］——
人的躯体那［哪］能由狗的洞子爬出！
我只能期待着那一天，
地下的火冲腾，
把这活棺材和我一齐烧掉，

我应该在烈火和热血中
得到永生！

这首《囚歌》是叶挺“用生命和血写成的真正的诗”。叶挺身陷囹圄后，面对劝降的说客，坚定地表示：“头可断、血可流，志不能屈。”

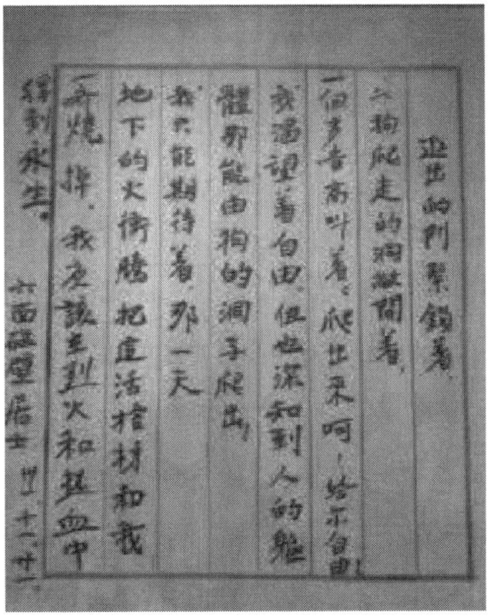
进出的门紧锁着，
为狗爬走的洞敞开着，
一个声音高叫着：爬出来呵，给你自由！
我渴望着自由，但也深知道人的躯
体那能由狗的洞子爬出！
我只能期待着，那一天
地下的火冲腾，把这活棺材和我
一齐烧掉，我应该在烈火和热血中
得到永生！
六面碰壁居士

《囚歌》

百折不挠的浩然正气是红岩精神的生命底色。一个革命政党，必须有一股浩然正气，这样全党才能具有强大精神支柱，才能充满生机和活力。永葆革命正气是以周恩来为代表的南方局共产党人与国民党当局进行斗争的一条重要经验和显著特点。这种百折不挠的浩然正气集中体现为他们胸怀大局，将个人的生命融入伟大的事业，为解民族于危难、救人民于水火，不惜牺牲一切。

“皖南事变”后，国共关系急剧恶化，蒋介石当局随时有可能突然袭击南方局机关。周恩来告诫南方局的共产党人要做最坏的准备，要做好牺牲的准备。为了表示坚守重庆的决心，八路军驻重庆办事处全体工作人员在给中共中央和毛泽东、朱德发出的电报中表示："处在政治环境极端严重的重庆办事处同志向你们保证：无论在任何恶劣的情况下，我们仍以不屈不挠的精神，坚守我们的岗位，为党的任务奋斗到最后一口气。"同日，毛泽东和朱德复电："感电悉，甚慰，望努力奋斗，光明就在前面，黑暗总会灭亡。"[①] 周恩来、董必武等南方局领导人面对国共关系危机，处变不惊，临危不乱，充分展现了共产党人大无畏的崇高品质。

"出淤泥而不染，同流而不合污。"一部红岩历史，就是一部千锤百炼的人格力量锻造史。当年，重庆作为国民政府的战时陪都，纸醉金迷，物欲横流，"前方吃紧，后方紧吃"，社会环境确如"染缸"，不啻身处"淤泥"。周恩来多次告诫南方局广大党员要做到"出淤泥而不染"，在国统区这个"染缸"中经受住灯红酒绿的考验，在特殊岗位上始终保持共产党人的情操。卢绪章、肖林等在周恩来的指示下，忍辱负重，艰难创业，为党筹集了巨额经费。仅在 1949 年与华润公司合并时，卢绪章就一次上交资金 200 万美元以及广大华行的全部资产。但谁也没想到，这位出入豪门、挥金如土的"大富豪"，贴身衬衣却打着补丁。肖林夫妇在他们创办的华益公司完成使命时一次性上交资金约合黄金 12 万两，其他固定资产折价 1 000 多万美元，仅留下三块银圆作为纪念。还有沈安娜以速记员身份为掩护，潜伏在国民党中央党部长达 11 年之久。黎强奉命打入中统核心，长期隐蔽在

① 中共中央文献研究室．朱德年谱（1886—1976）：中．北京：中央文献出版社，2006：1038.

国民党四川省特种工作委员会。当年，战斗在国统区这一特殊环境中的共产党人，无论是身在红岩的钱之光、潘梓年等，还是深入虎穴的沈安娜、黎强等，抑或是鏖战商海的卢绪章、肖林等，他们始终坚守共产党人的本色，经受住了严峻考验。

我们党作为马克思主义执政党，不但具有强大的真理力量，而且具有强大的人格力量。抗日战争和解放战争时期，以周恩来为代表的南方局老一辈无产阶级革命家、共产党人和革命志士，之所以能在国统区恶劣艰险的政治环境下开展斗争，扩大中国共产党的政治影响，赢得革命群众和社会各界人士的支持，创造出辉煌业绩，除了坚持中共中央正确的路线、方针和政策外，还有一个重要因素，就是“红岩人”在革命斗争实践中展现出的巨大的人格力量。“六月风荷”的浩然之气和人格力量，体现出共产党人严于律己的党性修养和同舟共济的团结精神，彰显了中华民族兼容并包的博大胸襟和艰苦奋斗的优良作风。正是因为拥有这样的浩然正气和人格力量，共产党人才在国统区赢得了革命群众和爱国民主人士的真心拥护。

近年来，习近平总书记在重要讲话中多次提到红岩精神等伟大革命精神，勉励广大党员干部“把红色基因传承好，确保红色江山永不变色”①。红岩精神是中国共产党在国民党统治地区的革命实践中形成的最具代表性的革命精神，是中国共产党人的精神谱系的重要组成部分。如果把中国共产党人的精神谱系比作夜空中的灿烂星河，那么红岩精神就是这条星河中璀璨的星辰；如果把中国共产党人的精神谱系比作万香流溢的花丛，那么红岩精神就是这花丛中较为独特的一束。

---

① 用好红色资源，传承好红色基因，把红色江山世世代代传下去．求是，2021（10）．

传承与弘扬红岩精神，就是要坚守“革命理想高于天”的豪情壮志，以坚如磐石的理想信念，攻坚克难，甘于奉献，努力成长为担当民族复兴大任的时代新人；就是要厚植爱国情怀，凝聚实现中华民族伟大复兴的磅礴力量，在干事创业中把爱国之情转化为对党忠诚、为国分忧的报国之行；就是要发扬斗争精神，不断提高斗争本领，在一系列重大风险考验面前，敢于斗争、善于斗争；就是要自觉涵养浩然正气，以“功成不必在我、功成必定有我”的政治本色和历史担当，努力为实现中华民族伟大复兴的中国梦砥砺奋斗。

红岩革命纪念馆

第九章 雷锋精神

2018年9月28日，习近平总书记在辽宁省抚顺市向雷锋墓敬献花篮并参观雷锋纪念馆时强调，雷锋是时代的楷模，雷锋精神是永恒的。实现中华民族伟大复兴，需要更多时代楷模。我们既要学习雷锋的精神，也要学习雷锋的做法，把崇高理想信念和道德品质追求转化为具体行动，体现在平凡的工作生活中，作出自己应有的贡献，把雷锋精神代代传承下去。

——《习近平在东北三省考察并主持召开深入推进东北振兴座谈会时强调 解放思想锐意进取深化改革破解矛盾 以新气象新担当新作为推进东北振兴》，《光明日报》2018年9月29日第1版在今天这个伟大的时代，我们要继续把雷锋精神广播在祖国大地上，使它能够生根开花，引导人们深入学习雷锋干一行爱一行、专一行精一行的敬业精神，学习雷锋淡泊名利、无私忘我的奉献精神，立足岗位、尽职尽责，把智慧和力量凝聚到实现中华民族伟大复兴的宏伟事业上来，在奋力推进全面建设社会主义现代化国家的新征程中建功立业。

在人类历史上，受到人们敬仰的人物，常常是那些在自然科学领域取得了伟大成就的科学家，如爱因斯坦、钱学森等；或者是那些在社会科学领域推动整个社会进步的思想家，如马克思、毛泽东。这些人物之所以被纪念和敬仰，是因为他们为人类社会的发展进步做出了伟大贡献。也有一些普通人，他们并没有干出过惊天动地的大事业，但是他们在平凡的一生中，做出了不平凡的事迹，彰显了不平凡的精神境界，所以令人敬仰。雷锋，一个普通的解放军战士，一个在平凡岗位上做出了不平凡事迹的人，一个彰显了伟大精神品格的人，是一个被评为“100位新中国成立以来感动中国人物”的普通人。

雷锋，原名雷正兴，湖南望城县（今长沙市望城区）人。1940年12月18日出生，1954年加入中国少年先锋队，1960年参加中国人民解放军，同年11月加入中国共产党。他克己奉公，助人为乐，为集体和人民做了大量的好事，荣立二等功一次、三等功两次。1962

雷 锋

年8月15日，雷锋因公殉职，年仅22岁。

雷锋是“乐于助人”崇高品格的化身，“好人好事”的典型代表，民族精神的生动写照，也是社会主义先进文化的践行者。1963年3月，毛泽东亲笔题词：“向雷锋同志学习”。我国把3月5日定为学雷锋纪念日。2012年3月，中共中央办公厅印发《关于深入开展学雷锋活动的意见》，指出：要大力弘扬雷锋热爱党、热爱祖国、热爱社会主义的崇高理想和坚定信念，弘扬雷锋服务人民、助人为乐的奉献精神，弘扬雷锋干一行爱一行、专一行精一行的敬业精神，弘扬雷锋锐意进取、自强不息的创新精神，弘扬雷锋艰苦奋斗、勤俭节约的创业精神。2014年3月，习近平总书记在十二届全国人大二次会议解放军代表团全体会议上指出：“雷锋精神是永恒的，是社会主义核心价值观的生动体现。你们要做雷锋精神的种子，把雷锋精神广播在祖国大地上。”把雷锋精神广播在祖国大地上，是培养担当民族复兴大任时代新人的内在需要，是成长为社会主义建设者和接班人的内在需要。

一、热爱党、热爱祖国、热爱社会主义的崇高理想和坚定信念

一个普通的解放军战士，仅有一段22个春秋的平凡人生，却做出了极不平凡的成就，赢得了亿万人民的敬仰，获得了新中国成立以

来历届国家领导人的尊敬。其根本原因就在于，雷锋精神是雷锋的先进事迹和高尚品质的理性升华，顺应了社会发展的客观趋势，展现了人性最美好的价值追求，具有穿越时空的永恒力量，在当代中国仍然具有极强的现实意义。

1960年12月，雷锋在《前进报》发表署名文章《解放后我有了家，我的母亲就是党》。他在这篇文章中讲道："伟大的党啊！您是我慈祥的母亲，要是没有您，我很难想象自己的一切。今天您需要我，我一定挺身而出，不怕牺牲和一切困难，永远忠于您，忠于人民，继承长辈的革命传统，为建设现代化的强大的国防军，为保卫社会主义建设，保卫世界和平，我要把自己可爱的青春献给祖国最壮丽的事业，做一个真正的共产主义战士。"他在文章中是这样写的，在实际工作中也是这样做的。他在自己短暂的一生中，把对党和国家的这种热爱，转化为日常生活中的实际行动，体现了一名年轻共产党员的崇高理想追求。

1958年春，雷锋到团山湖农场就职。为响应望城县团委提出的捐献一台拖拉机的号召，雷锋捐款20元，成为全县青少年中捐款最多的一个。在今天看来，20元钱是个小数目，还不够买一杯咖啡的钱。但是，在20世纪50年代末60年代初，对于一个普通人来说，20元钱却是一笔相当可观的"巨款"了。根据当时的市场价格，鸡蛋两三分钱一个，20元钱可买约1 000个鸡蛋；猪肉三四角钱一斤，20元钱可买50斤左右的猪肉；大米两三角一斤，20元钱可买约100斤大米！这个生动的事例充分表明，雷锋热爱社会主义体现在日常生活的实际行动中。他处处以国家、民族和集体利益为重，把个人的奋斗融入社会主义建设的历史洪流中，毫无保留地为祖国和人民奉献了一切，是值得我们每个人尊敬和学习的。

1960年8月，雷锋与战士们一起参加抚顺上寺水库抢险救灾。他带病连续奋战7天7夜，并写下了充满感情的诗歌《一家人》。在这次抢险救灾中，因为表现突出，团党委为雷锋记二等功一次。他把平时节约下来的100元钱，分别用来支援抚顺市望花区人民公社和辽阳水灾受灾区，因此受到部队表彰，团党委将雷锋树立为“节约标兵”。这些点点滴滴的实际行动，虽然并不是什么惊天动地的大牺牲和大贡献，但是日积月累汇集起来，集中体现了雷锋热爱祖国的崇高理想，集中体现了他热爱社会主义的坚定信念。

经过全党全国各族人民持续奋斗，我们实现了第一个百年奋斗目标，在中华大地上全面建成了小康社会，历史性地解决了绝对贫困问题，正在意气风发向着全面建成社会主义现代化强国的第二个百年奋斗目标迈进。当前，党和国家事业发展站在了新的时代起点上，我们要大力弘扬雷锋精神，引导人们深入学习雷锋热爱党、热爱祖国、热爱社会主义的崇高理想和坚定信念，升华爱国主义情怀，追求高尚的人生价值，自觉为民族振兴、国家富强、人民幸福贡献智慧和力量。

二、服务人民、助人为乐的奉献精神

雷锋之所以得到人们的普遍敬仰，并不是因为他是超凡脱俗的圣人、拥有丰功伟绩的伟人，而是因为他是一个过着平凡生活的普通人，是每个普通人都可以学习的标杆，都可以仿效的典型。雷锋精神，因为雷锋的普通，所以与普通劳动者的生活最贴近，具有典型性和普遍性；雷锋精神，因为雷锋的平凡，所以最可敬、最可学、最可行；雷锋精神，集中体现了社会主义核心价值观的本质特征，具有在祖国大地上广泛传播的现实可能性，具有可以转化为指导每个普通人日常生活的现实可能性。

雷锋是践行社会主义思想道德的楷模。他走到哪里，好事就做到哪里，用真情和行动履行着一个公民的神圣责任，践行着一名共产党员的庄严承诺。从1961年开始，雷锋经常应邀去外地做报告，这样他出差的机会就多了，但他并没有骄傲自满，而是把各个方面对自己的肯定转化为更强大的动力，在越来越多的出差过程中，为人民服务的机会也就更多了。当时流传着这样一句话："雷锋出差一千里，好事做了一火车。"有一次，雷锋外出，在沈阳车站换车，出检票口的时候，他发现一群人围着一个背着小孩的中年妇女。原来这名妇女从辽宁去吉林看丈夫，一不小心把车票和钱都丢了，非常着急，但又不知道该怎么办。雷锋连忙分开人群，来到母子面前，用自己的津贴买了一张去吉林的火车票，塞到大嫂手里。这位大嫂眼含热泪地问："小兄弟，你叫什么名字？住哪儿的？是哪个单位的？"雷锋回答道："我叫解放军，家就在中国。"说完这句话，雷锋就与这位大嫂挥手告别了。

还有一次，雷锋从安东（今丹东）回来，要在沈阳转车。他背起背包过地下通道时，看见一位白发苍苍的老大娘拄着棍，背了个大包袱，很吃力地一步步地迈着。雷锋走上前问道："大娘，您到哪儿去？"老人上气不接下气地说："俺从关内来，到抚顺去看儿子！"雷锋一听跟自己同路，立刻把大包袱接过来，用手扶着老人说："走，大娘，我送您到抚顺。"老人感动极了，一口一个好孩子地夸他。进了车厢，他给大娘找了座位，自己就站在旁边，和老人唠起了家常。老人说，她是第一次来，还不知道住在什么地方哩，说着，掏出一封信。雷锋接过一看，上面的地址他也不知道。老大娘急切地问："孩子，你知道这地方吗?”虽然不知道地址，但雷锋知道老人找儿子的急切心情，就安慰老人说：“大娘，您放心，我一定帮助您找到他。”雷锋说到做到，到了抚顺，背起老人的包袱，搀扶着老大娘，根据信里提供的地址，用地图找，辗转花了两个多小时，终于找到了老人的儿子。母子一见面，老大娘就对儿子说：“多亏了这位解放军，要不然，还找不到你呢!”母子一再感谢雷锋。雷锋却说：“谢什么啊，这是我应该做的。”

雷锋，一个普通的解放军战士，就是这样以服务人民为最大幸福，以帮助他人为最大快乐。他对待同志像春天般温暖，总是把方便让给别人，把辛苦留给自己。他把有限的生命投入无限的为人民服务中去。每当人民群众遇到困难时，他总是伸出援手、倾力相助。当前，中国特色社会主义进入了新时代，大力弘扬雷锋精神，就是要引导人们深入学习雷锋全心全意为人民服务的思想，培育和践行社会主义核心价值观，在生活中热心助人、尊老爱幼、诚实守信、见义勇为，用实际行动促进良好人际关系的形成，营造良好的社会风气。

三、干一行爱一行、专一行精一行的敬业精神

社会在进步，但英雄的形象常存；时代在发展，但精神的力量常在。榜样的力量是无穷的。在雷锋这个好榜样的激励下，半个多世纪以来，祖国大地涌现出了许许多多雷锋式学校、雷锋式班级、雷锋式班组、雷锋式集体、雷锋式个人、雷锋网站……成为社会主义精神文明建设的一道亮丽风景线。雷锋的哥哥出生以后，家里人按照字辈起名为雷正德。雷锋出生以后，家里人便给他取名为雷正兴，有盼望家

道能够兴旺的寓意。1957 年 2 月，雷锋加入中国共产主义青年团后不久，就找到了县委书记说自己想把名字改为单字。县委书记沉思了一会儿说：要不叫雷峰吧，峰是山峰的峰，这样的话，一定会激励你奋发图强、勇登高峰的。雷锋听完之后，非常高兴，立即便将雷正兴改为雷峰。1960 年 4 月，到沈阳军区工程兵十团运输连的时候，雷锋又将“峰”改为“锋”，表达了他要在工作中打冲锋、当先锋的决心。其实，无论是改名前还是改名后，无论是当一名农业社的记工员，还是作为县乡政府的通信员；无论是当一名工厂的推土机手，还是成为一名解放军战士，他向前冲锋的脚步一刻也没停过。雷锋荣立了二等功一次、三等功两次，受团、营嘉奖多次，展示出他高尚的敬业奉献精神。

雷锋就是这样的一个普通人，他把敬业奉献作为自己的人生信条，自觉服从社会主义建设事业的需要，立足本职、忠于职守，在平凡的岗位上创造了不平凡的业绩。不管在什么岗位上，不管从事什么工作，他都以一颗对事业高度负责、对岗位无限热爱的赤子之心，爱岗敬业、勤奋工作，心无旁骛、埋头苦干，出色地完成了每一项工作任务。

在全面建设社会主义现代化强国的伟大时代里，我们要继续把雷锋精神广播在祖国大地上，使它能够生根开花；要引导人们深入学习雷锋干一行爱一行、专一行精一行的敬业精神，学习雷锋淡泊名利、无私忘我的奉献精神，立足岗位、尽职尽责。如果我们每个普通人都能够像雷锋那样，爱岗敬业、无私奉献，把自己的聪明才智转化为为人民服务的实际行动，那么，千百万人的力量汇集起来，就能够凝聚起实现中华民族伟大复兴的无穷力量，建设社会主义现代化强国的宏伟目标就能够如期实现。

四、锐意进取、自强不息的创新精神

雷锋把学习作为基本需求，把创新作为重要动力。他在日常工作和生活中，发扬善于“挤”、善于“钻”的“钉子精神”，勤奋学习科学理论，刻苦钻研业务知识，努力用现代科学文化知识武装自己、提高自己、完善自己。他不但始终保持乐观向上、斗志昂扬的状态，而且始终保持与时俱进、勇往直前的品格，敢于直面挑战，勇于克服困难，善于开拓创新，在创造性的劳动中升华人生价值、奉献社会。

在部队上，雷锋是运输连的一名汽车兵。他整天驾驶汽车东奔西跑，很难抽出时间学习。但是，他总是能够想到加强学习的办法。雷锋把书装在挎包里，随身带着，只要车一停，没有其他工作，就坐在驾驶室里看书学习。他在日记中写下这样一段话：“有些人说工作忙，没时间学习，我认为问题不在工作忙，而在于你愿不愿意学习，会不会挤时间，要学习的时间是有的，问题是我们善不善于挤，愿不愿意钻。一块好好的木板，上面一个眼也没有，但钉子为什么能钉进去呢？这就是靠压力硬挤进去的。由此看来，钉子有两个长处：一个是挤劲，一个是钻劲，我们在学习上也要提倡这种‘钉子’精神，善于挤和钻。”这些话，非常平实，也非常具有可行性，是我们每个人都可以学得到、用得上的学习好方法。

党的十八大以来，习近平总书记反复强调，干事业好比钉钉子。“钉钉子往往不是一锤子就能钉好的，而是要一锤一锤接着敲，直到把钉子钉实钉牢，钉牢一颗再钉下一颗，不断钉下去，必然大有成效。

如果东一榔头西一棒子，结果很可能是一颗钉子都钉不上、钉不牢。”[①]做工作、干事业又何尝不是如此呢？要发扬钉钉子的精神，不折腾、不反复，切实把工作落到实处，做出经得起实践、人民、历史检验的实绩。当前，我们身处百年未有之大变局，面临着一系列重大问题与挑战，仍然需要大力弘扬雷锋精神，需要学习雷锋的“钉子精神”，锐意进取、自强不息，努力成长为社会主义的合格建设者和可靠接班人。

五、艰苦奋斗、勤俭节约的创业精神

雷锋的一生，是艰苦奋斗的一生，也是勤俭节约的一生。在短暂的一生中，他始终保持昂扬向上、乐观进取的良好精神状态，在苦难环境中磨炼意志，在艰苦条件下砥砺品行。他坚决反对贪图享受、铺张浪费，坚守勤俭节约、生活朴素的良好习惯，把点点滴滴节省下来的钱用于支援国家建设，用于帮助解决他人困难。

雷锋在缝补衣物

① 中共中央文献研究室．习近平关于全面建成小康社会论述摘编．北京：中央文献出版社，2016：188.

与一些人的被动勤俭不同，雷锋的艰苦朴素、勤俭节约纯粹是自觉自愿，是完全彻底的。无论是在哪个工作岗位上，不管在何种困难环境里，雷锋在工作中总是勇挑重担、精益求精。部队发夏装，每人两套单军装、两件衬衣、两双鞋子，他总是只领一套。他经常把部队发的衣服、皮鞋、毛巾、袜子，用不完的都细心地存起来，用以支援灾区人民。与一些勤俭者为了自己而节俭不同，雷锋的艰苦朴素、勤俭节约是为了“让他人更幸福，让国家更富强”。雷锋经常讲：“每一分钱、每一滴油，都是人民的血汗，要像爱护自己的眼睛一样爱护。”在部队上，雷锋是出了名的“节约标兵”，凡事讲节约，看到浪费一丁点东西都心痛。连队每次吃饭，他都把洒在桌上和地面上的饭粒打扫干净，送到猪食缸里。他一再说：“我们是国家的主人，应该处处为国家着想，事事要精打细算。不能今朝有酒今朝醉，明日愁来明日忧。我们要发奋图强，自力更生，克服当前存在的暂时困难，坚决反对大吃大喝，力戒浪费。”这样的行动和精神，在今天同样具有很强的现实价值。

雷锋更是肯于奉献的“大方”人，他用平日攒下的生活费帮助困难的战友和群众，经常把出差省下的钱和粮票交给组织，把部队发的苹果票、糖票、月票等送给战友。在艰苦朴素、勤俭节约的日子里，雷锋没有因贫困而感到自卑和痛苦，而是以苦为荣、以苦为乐，处处感到自豪和幸福。他为自己在工作中所取得的成绩而快乐，也为自己在思想境界上的不断攀升而高兴。雷锋的每一首诗歌、每一张照片，都闪烁着青春和朝气，荡漾着明朗的笑容，彰显着一位昂扬向上、向善的青年人的精神风貌。

当前，虽然我们全面建成了小康社会，历史性地解决了绝对贫困问题，正在意气风发向着全面建成社会主义现代化强国的第二个百年奋斗目标迈进，但是也要清醒地认识到前进道路上面临的种种困难和风险。具体来讲，在我国的经济社会发展中，仍然存在着发展不平衡不充分的一些突出问题，发展质量和效益还不够高，创新能力不够强，实体经济水平有待提高，生态环境保护任重道远；民生领域还有不少短板，城乡区域发展和收入分配差距依然较大，群众在就业、教育、医疗、居住、养老等方面仍面临不少难题；社会文明水平尚需提高；社会矛盾和问题交织叠加，全面依法治国任务依然繁重，国家治理体系和治理能力有待加强；意识形态领域斗争依然复杂，国家安全面临新挑战；一些改革部署和重大决策措施需要进一步落实；等等。

美好的奋斗目标令人向往，但实现美好目标需要强大的精神力量。我们要大力弘扬雷锋精神，把雷锋精神内化于心，成为人们自觉的精神追求；外化于行，成为人们坚守的行为指南。我们要引导大家深入学习雷锋艰苦奋斗、勤俭节约的创业精神，立足社会主义初级阶段这个最大的实际，不为任何风险所惧，不被任何干扰所惑，攻坚克难、埋头苦干，奋力开拓中国特色社会主义第二个百年奋斗目标更为广阔的前景。

第十章

红旗渠精神

红旗渠精神同延安精神是一脉相承的，是中华民族不可磨灭的历史记忆，永远震撼人心。年轻一代要继承和发扬吃苦耐劳、自力更生、艰苦奋斗的精神，摒弃骄娇二气，像我们的父辈一样把青春热血镌刻在历史的丰碑上。实现第二个百年奋斗目标也就是一两代人的事，我们正逢其时、不可辜负，要作出我们这一代的贡献。红旗渠精神永在！

——2022 年 10 月 28 日，习近平总书记调研红旗渠时的讲话处于太行山区的河南省林县（今林州市），县域绝大部分地方都干旱缺水，十年九旱，水贵如油。在林县的县志上，从清朝后期到20世纪50年代的大致统计，光“旱”这个字，就有不同的描述：旱、大旱、连旱、凶旱、亢旱……民国初期，林县桑耳庄村300多户人家，常年到4公里外的黄崖泉担水吃。1920年大旱，黄崖泉的泉水小得只有香火头那么粗。大年三十，村民桑林茂老汉五更起床爬上黄崖泉，想趁早挑担水回家过年。挑水的人多，一直挨到天黑他才接满一担水回村。新过门的儿媳妇王水娥惦念公爹去担水一天还未回来，就出村去接。天黑路滑，新媳妇又是小脚，接过担子刚走几步，被石头绊倒，一担水洒了个精光。儿媳妇又羞又愧，就在万家团圆的除夕上吊自尽了。大年初一，桑林茂老汉埋葬了新婚儿媳的尸体，带着全家踏上了逃荒路。从此，这一家人再无音信。一担水的倾覆，足以剥夺一个人生命的尊严，给一个家庭带来难以承受的灾难。干旱缺水留给林县人的就是这样一幅幅悲惨的历史图景。

20世纪60年代，林县人民为从根本上改变千百年来缺水的天然困境，在中国共产党林县县委的领导下，充分发挥人民群众的创造性，经过10年苦战，在太行山上建成了人工天河红旗渠，渠道总长2 000多千米，彻底改变了林县人民的命运，愚公移山神话穿越千年时空定格在了太行山上。在那场气壮山河的伟大实践中，孕育形成了

“自力更生，艰苦创业，团结协作，无私奉献”的红旗渠精神。习近平总书记在参加十一届全国人大四次会议河南代表团审议政府工作报告时指出：“红旗渠精神是我们党的性质和宗旨的集中体现，历久弥新，永远不会过时。”红旗渠精神是社会主义建设时期一个永恒的精神坐标，体现了林县人民图存发展、追梦圆梦的中国故事，其价值、影响和贡献早已远远超越了它所诞生的那个时代，它不仅属于历史，更属于现在和未来。

一、立足实际、依靠群众的自力更生精神

水的严重紧缺，直接制约着全县经济的发展，影响人民群众生活的改善。中共林县县委和县人民政府一致认为，必须重点解决好水的问题。1960 年 2 月 10 日，林县县委召开全县广播动员大会，向全县人民发出《引漳入林动员令》。当时正值国家三年困难时期，虽然林县此前也修过一些水库，但在粮食紧张、物资短缺、设备技术条件落后的情况下，建设红旗渠这么大的工程，就显得难上加难。在这样的时代背景下，林县人民面对困难不畏缩，不依赖国家，不向上伸手，不等不靠，立足实际、依靠群众，走出了一条自力更生、勤俭建渠的发展道路。

1960 年 2 月 6 日，林县县委书记杨贵在他的日记中这样写道：“引漳入林工程很大，现在正是困难时期，国家也不投资，如果等到形势好转后再修建，那时会出现什么情况，很难预料。山西方面同意引水这个机会不可失，错过机会，林县人民可能将永远受缺水之苦。现在修建，困难太多了，最基本的办法是自力更生。如何把自力更生

具体化？各公社按渠道可灌面积投工，民工实行包工定额，把工分介绍回队参加分配；民工上工地自带镢头、铁锨、抬筐，个人没有的生产队负责自备，吃粮食每人暂定一市斤或一市斤半，民工自带口粮，不足部分由集体储备粮补足，蔬菜由生产队统一送到工地；工具修理由各公社负责，根据人数多少，建立几个工具修理点，各队搜集废钢铁送到工地，供修理点使用；县里还有300多万元资金，负责购买炸药、钢钎、水泥等大件物料，注意节约，反对浪费。组织民工学习毛泽东主席自力更生、艰苦奋斗的有关著作，宣传红军二万五千里长征闹革命、爬雪山过草地、不怕吃苦、战胜困难的革命精神，群众是圣人，只要依靠群众，很多困难都是可以解决的。"

引漳入林工程在轰轰烈烈的气氛中展开，没有工具自己制，没有石灰自己烧，没有抬筐自己编，没有炸药自己造，粮食不够吃就采野菜、下漳河捞水草充饥，摄取最低的热量，释放出改天换地的巨大能量。拿炸药来说，这是放炮开渠的重要材料，施工中用量很大，国家供给的数量却有限，因缺钱没法到外地大量购买，广大群众献计献策，大家说，缺炸药难不住，咱林县山区早有"一硝二磺三木炭"自造炸药的传统技术，抗日战争和解放战争时期就用土炸药做石雷，抗击侵略者。修建红旗渠时，总指挥部从各社队物色制造炸药的能工巧匠，开办了炸药厂，碾炸药造雷管。有的社队把分配给自己的硝酸铵肥料运到工地，试用掺配锯木沫、煤面或牛粪，制造土炸药。通过实践，炸药质量不断提高。继红旗渠自制炸药后，任村公社还开办了炸药厂，除造红旗渠使用外，还销往外地。

在修建红旗渠的10年间，共烧制石灰14.5万吨；造炸药1 215吨，占总量的44.3%；制水泥5 170吨，占总量的77.1%；编抬筐3万多个；修配、制作水桶18 900多副，各种工具117万件，自带小推车、手捶等31万多件。工程总投资7 154.7万元，其中国家补助1 025.98万元，占工程总投资的14.3%；县社队自筹6 128.72万元，占总投资的85.7%。据统计，10年修渠，全县55万人先后有30万人参与其中。工程启动时，全县水利技术人员28人，最高学历为中专。1966年4月，3条干渠完成时，全县已经培养土工程师27人，技术员560人，石匠3.3万人，铁匠110人，木匠200人，石灰匠700人，土炸药师320人，土水泥师110人，炮手810人，能够领导施工的1 610人。这些技术人员练就了一身修渠本领，成为独当一面的施工能手，自制了各种建筑材料，节省了大量开支。

炸药自己造

在2013年9月26日开幕的“2013北京国际设计周”上，红旗渠荣获年度最高奖——“经典设计奖”，在此之前，只有天安门观礼台和青藏铁路建设工程获得过该奖项。组委会给出的获奖理由是：由于红旗渠设计依循中国自古以来的水利工程智慧，在太行山腰依山而建、就地取材，并创造性地采用矿渣加石膏粉混合为水泥，以开山炸石的石料筑成渠堤，建成人工天河，体现了中国式设计理念，同时也是一种十分环保的设计方式。这种设计给当代设计带来很多启示，寓意着不一定要用豪华的材料，恰恰是依靠因地取材、因地制宜，从而带来更有价值的设计成果。

紧紧依靠人民群众，是共产党人创造奇迹的力量源泉。毛泽东曾说：“只要我们依靠人民，坚决地相信人民群众的创造力是无穷无尽的，因而信任人民，和人民打成一片，那就任何困难也能克服，任何敌人也不能压倒我们，而只会被我们所压倒。”红旗渠的成功修建与红旗渠精神的孕育是最好的例证。修建红旗渠正值国民经济最困难时期，但具有高度政治自觉的林县人民，在党的领导下，表现出前所未有的主动性和创造性。

二、敢想敢干、百折不挠的艰苦创业精神

今天的红旗渠，青年洞已是一道著名景观。人们可以乘船从这个长 616 米、高 5 米的洞中穿过。但在当时，要凿穿这一总干渠中最长的隧洞非常不易。青年洞是红旗渠的咽喉工程，洞口在金鸡岭下狼牙山悬崖绝壁上，狼牙山全部是绛紫色石英砂石，坚硬如钢。1960 年 2 月，由横水公社 320 名青年先行施工，11 月时因经济困难，总干渠暂时停工，为早日将浊漳河的水引入林县，建渠干部群众坚持“宁愿苦战，不愿苦熬”，改由各公社挑选 300 名青年组成突击队，继续施工。当时干部民工口粮很少，为了填饱肚子，上山挖野菜、下漳河捞河草

充饥，很多人得了浮肿病，仍坚持战斗在工地，以愚公移山的精神，终日挖山不止。坚硬的石英岩一锤打下去一个白点，十数根钢钎打不成一个炮眼，青年们面对这样的艰难困境，创造了连环炮、瓦缸窑炮、三角炮、抬炮、立炮等新的爆破技术，使日进度由起初的 0.3 米提高到 2 米多。经过 1 年零 5 个月的奋战，1961 年 7 月 15 日凿通隧洞。为表彰青年们艰苦奋斗的业绩，将此洞命名为“青年洞”。

在那段艰难岁月里，修渠大军就是在这样艰苦卓绝的条件下，在太行山峦、浊漳河畔，摆开劈山引水“长蛇阵”，以人力所能达到的极致与大自然肉搏。一个个普通的林县百姓，推着小推车，赶着牛车、马车，自带口粮和炊具，浩浩荡荡开往太行绝壁之上。面对着坚硬岩层，头上是巨石嶙峋，身下是万丈深涧，他们悬空除险，大力抡锤，如鹰击长空，如蚁啃大象，靠着原始的锹、镐、镢、铁锤、钢钎一点一点劈开太行。缺少住房，有的住山洞、睡席棚，有的住在山崖下，白天到山上割草，夜里把草铺在石板上便是床。有的村庄优先照顾妇女，搭起席棚让她们栖身。几个布棚撑起来，就是指挥千军万马的总营帐，三个石头支起来，就是烧锅煮饭的伙房。大伙相互安慰：困难是暂时的，咱不吃点苦把漳河水引回去，难道让子孙后代一直种旱地吃糠咽菜吗？咱们受点潮挨点冻，为的是日后有水喝，有粮吃，睡个暖和觉。

其间，林县县委还克服各种错误思想干扰，敢于坚持正确的决定。在工程进行之初，就有人提出质疑，后来又受“左”倾错误思想影响以及来自上级的压力，林县县委克服困难，始终坚持正确的修渠道路。

愚公奋起十春秋，引来漳河润田畴。1965 年 4 月 5 日，红旗渠总干渠竣工通水；1966 年 4 月 20 日，3 条干渠通水；1969 年 7 月 6 日，红旗渠工程全面竣工。10 年修渠工程共削平山头 1 250 座，凿通隧道 211 个，架设渡槽 152 个，修建各种建筑物 12 408 座，挖砌土石 1 515.82 万立方米，总投工 3 470.2 万个。一渠清凌凌的水使全县从山坡到梯田、从丘陵到盆地，形成了一个水利灌溉网络，让 14 个公社的 410 个村受益，60 万人口、3.7 万头大牲畜的饮用水有了保障，54 万亩耕地得到灌溉。林县人民千年的梦想实现了。

为了最大限度地发挥红旗渠的综合效益，林县人民优化水资源配置，调节枯水期与丰水期用水不均的矛盾，在兴建红旗渠的同时，开始了红旗渠灌区配套工程建设，山、水、田、林、路统一规划、综合治理，支、斗、农渠形成网络，蓄、提、引并举，把 5 万多眼旱井、3 000 多个池塘、500 多座水库、40 多座中小型水电站和 154 个电力提灌站连成一体，构成了以红旗渠为主体的水利、电力、工业、农业、交通、运输等综合发展体系。渠系着库池，库池连着渠，被称为“长藤结瓜”。

20 世纪 70 年代，周恩来总理曾经自豪地告诉国际友人：“新中国有两大奇迹，一个是南京长江大桥，一个是林县红旗渠。”不同的是，南京长江大桥的建设是举全国之力，而“红旗渠是英雄的林县人民用两只手修成的”，并希望外宾到红旗渠参观。自此，林县成为对外开放县。截至 1980 年，到林县参观红旗渠的外宾达 11 300 多人，涉及五大洲 119 个国家和地区。1974 年，中国派以副总理邓小平为团长的代表团参加联合国会议，中央审定带十部电影纪录片去美国，在联合国放映的第一部就是《红旗渠》，引起很大震动，外媒评价很高，美联社称：红旗渠的人工修建令世界震惊。

三、齐心合力、共克时艰的团结协作精神

邓小平曾说："社会主义国家有个最大的优越性，就是干一件事情，一下决心，一做出决议，就立即执行……没有那么多互相牵扯，议而不决，决而不行。就这个范围来说，我们的效率是高的，我讲的是总的效率。这方面是我们的优势，我们要保持这个优势，保证社会主义的优越性。"[①] 红旗渠的成功修建，正彰显了社会主义制度集中力量办大事的优势。在红旗渠工程施工中，上级党委亲切关怀，全县实行"一盘棋"，全力服务中心，各个地方、各个单位都以大局为重，相互支持，相互配合。全国有关部门及驻军部队给予大力支持，特别是各级水利部门及工程技术人员和友邻省县干部群众全力支援，同心协力，拧成一股绳，前方有求，后方必应，成为红旗渠建设的坚强后盾，鼓励着林县人民将红旗渠建设进行到底。

一方有难，八方支援。在红旗渠修建过程中，从中央到地方各级党委、政府都给予了大力支持。周恩来、李先念等中央领导，多次询问红旗渠建设情况，给予了及时的指导和帮助。毛泽东曾在印发中共中央的文件中亲自批示，肯定"林县人民战天斗地修建红旗渠的巨大成绩"，极大地鼓舞了林县人民社会主义建设的积极性。1961 年，河南省委书记处书记史向生视察红旗渠青年洞后，几次给杨贵通话询问红旗渠的进展情况，并鼓励杨贵不管多大困难、多大压力，建设红旗渠的决心不能动摇。

---

① 邓小平．邓小平文选：第 3 卷．北京：人民出版社，1993：240.

全县各条战线和各行各业争相支援，前后方担子共同挑。前方需要芦席搭席棚，县直机关工作人员就把自己床上铺的席子揭下来送往工地。商业和供销系统派出人员，把民工所需的日用品送往工地，服务民工；工业系统派出人员在工地设立工具修理队、缝纫组；卫生系统派出人员设立战地医院，在工地治疗伤病员；文化系统派出剧团、电影放映队，沿渠线巡回演出、放映，活跃民工文化生活；新华书店把书籍送到工地，为民工提供精神食粮。当时物质条件虽然匮乏，但后方总是千方百计满足前方的需要。山西平顺县为支援林县人修渠，不仅出人出力腾房子，还主动迁移了数百座祖坟，为渠道让路，并签署协议，对占用平顺县境内的土地“确保林县人民永远使用的权利”。

人民群众踊跃参加红旗渠建设

团结就是力量。杨贵在总结红旗渠建成的经验时说，一是在党中央、毛主席的正确领导下，中南局、省委、地委对我们的关心，从精神上、经济上、物资上、技术上给了我们很大支持；二是全县人民发扬自力更生、艰苦奋斗的革命精神，依靠集体力量，依靠全县群众，战胜了一个又一个困难；三是参加红旗渠建设的各级工程技术人员在整个红旗渠修建过程中出了很大力，发挥了高度的积极性和创造性；四是有兄弟地区和兄弟单位的支援，山西省委、平顺县委、王家庄、石城公社党委以及沿渠干部群众，给了我们很大帮助。的确，就修建红旗渠而言，如果没有齐心合力、共克时艰的团结协作精神，单凭林县人民的一己之力是不可能顺利完成这一人间奇迹的。

四、干部带头、一心为公的无私奉献精神

“红旗渠、三北防护林等大工程，都是几代人一以贯之而成的。如果有个人的私心杂念，政策朝令夕改，是完成不了的。只有像接力赛一样，一任接着一任干，才能做成大事。”这是习近平总书记在《之江新语》中的一段话。的确，今天的林州人一提起修渠的岁月，最感慨的就是那时的领导干部不计得失、一心为公的无私奉献精神。

在整个修建过程中，林县的各级干部和广大党员始终走在最前面、冲在最险处、干在最难处。攀岩爆破、悬空排险，都是党员干部带头上。在整个修渠中牺牲的 81 名烈士，大都是共产党员和共青团员。工地上明文规定：干部和民工一样，不能开小灶，不能搞特殊化，吃饭、住宿、干活、学习、商量施工方案都在一起，干部也要抡大锤、凿石头，也有定量，当天完不成，第二天必须补上。不一样的是，干部的伙食补助要低于民工。寒冬腊月，党员干部把房子让给民

凌空除险

工住，自己住山洞；夜宿崖壁，为保证群众的安全，党员干部把绳子系在腰上，睡在最外边；工地缺睡席，全县所有党员干部都把自家的席子捐了出来；粮食紧缺，党员干部主动把每天的配给粮减三两，让给群众吃，有的县委领导就曾饿晕在工地上。岂曰无碑，山河为碑；何用留名，人心即名。修渠的群众流传这样一句话："干部能搬石头，群众就能搬山头；干部能流一滴汗，群众的汗水流成河。"

工地上，每一斤炸药、每一斤粮食、每一根钢钎都要入账。谁来领，谁签字。领炸药，根据所要炸的石头的硬度、数量精确到两，谁领谁负责。领粮食，严格按照定量，每天多少人吃饭、有无伤员，需要多少粮食，什么粮食，一笔笔账，都要记下来……红旗渠工程修了将近10年，投资6 000多万元，从来没发生过一起贪污、腐败、挪用修渠物资、公款请客送礼的事情，没有一个干部失职渎职。

回忆起那段难忘的岁月，当年林县县委书记杨贵说：“当时我们要是稍稍有点私心杂念，红旗渠绝对修不成。太平官好当啊。但是当时大家没有一点想靠这个当官的意思。群众最急切要解决的问题是什么，是缺水，那就修渠”，“县委一班人是铁了心的。只要是大家认准的道儿，就手挽手、肩并肩地走到底，有福同享，有难同当，坚持真理，修正错误，全心全意为人民服务，起到了县委所应起到的领导核心作用”。正如习近平总书记所说：“共产党就是为人民谋幸福的，人民群众什么方面感觉不幸福、不快乐、不满意，我们就在哪方面下功夫，千方百计为群众排忧解难”，“既要做让老百姓看得见、摸得着、得实惠的实事，也要做为后人作铺垫、打基础、利长远的好事，既要做显功，也要做潜功，不计较个人功名，追求人民群众的好口碑、历史沉淀之后真正的评价”。修建红旗渠，无数党员干部以身作则、甘于牺牲，用实际行动让人民群众打心眼里认定“共产党就是咱领路人”。

其间，先后涌现出许多不怕流血牺牲的可歌可泣的英雄人物。女共产党员李改云发现崖壁有碎石滚落，奋不顾身推开别人，自己左腿被砸成粉碎性骨折，终身残疾。除险队长任羊成，每天腰系大绳，飞崖除险，用钩子把松动的险石除掉，为崖下修渠民工安全开路，头上是不断下落的碎石，脚下是万丈深渊。一次，一块石头落下砸掉他三颗牙齿，鲜血直流，他也不下火线。副县长马有金在水利工地任指挥时间较长，不叫苦不喊累，任劳任怨，因工作忙，“三过家门而不入”，直到母亲病故，才请示县委回家送葬。还有凿洞能手王师存、山区建设的坚强战士吴祖太等模范人物。此外，还评出 98 个标兵连、133 个“董存瑞标兵班”、117 个“李改云突击队”、2 472 名模范人物，他们是劈山建渠的骨干力量。正是因为有这样一批冲锋在前、享乐在后，一心为公、无私奉献的英雄起了先锋模范带头作用，才使红旗渠建设攻无不克、战无不胜。

“渠道网山头，清水遍地流；旱地稻花香，荒山果树沟；库塘鱼儿跳，往来驾小舟……”这是 1960 年 2 月 10 日的《引漳入林动员令》中为林县人民描绘的一幅工程完工后诗情画意般的美景，林县人民用勤劳的双手使之变成了现实。正如习近平总书记所说：幸福都是奋斗出来的。如今，半个多世纪过去了，红旗渠像一座历史丰碑，铭记着那段艰苦奋斗的岁月；它像一面永恒的旗帜，凝聚起同心筑梦的磅礴力量；它更像一堂永不过时的党课，讲述共产党人如何执政为民。在新的历史阶段，回望红旗渠，感悟红旗渠，就是要从中汲取实现中华民族伟大复兴中国梦所不可或缺的精神力量，坚定理想信念，坚持人民至上，发扬钉钉子的精神，以时不我待的使命意识、勇于担当的责任意识、舍我其谁的奉献意识、敢为人先的创新意识，在推进新时代中国特色社会主义伟大实践中不忘初心、砥砺前行。

第十一章

大庆精神（铁人精神）

在大庆油田开发建设的艰苦环境和激情岁月里形成的以爱国、创业、求实、奉献为主要内涵的大庆精神、铁人精神，集中体现了我国工人阶级的崇高品质和精神风貌，永远是激励中国人民不畏艰难、勇往直前的宝贵精神财富。

——《习近平在大庆油田发现 50 周年庆祝大会上强调 结合新的实际大力弘扬大庆精神铁人精神》，《人民日报》2009 年 9 月 23 日第 3 版大庆精神产生于20世纪60年代初的石油会战，当时我们年轻的共和国经济建设急需石油资源，在困难时期、困难地区和困难条件下，以口号为“宁肯少活20年，拼命也要拿下大油田”的王进喜为代表的一批“大庆石油人”凭借艰苦奋斗、无私奉献的精神开发建设了当时全中国最大的油田，从此大庆油田为国家源源不断地输送着石油，结束了中国人石油全部依赖进口的时代。1981年12月，中共中央在转发国家经委党组《关于工业学大庆问题的报告》中，第一次将大庆精神概括为：发奋图强，自力更生，以实际行动为中国人民争气的爱国主义精神和民族自豪感；无所畏惧，勇挑重担，靠自己的双手创业的革命精神；一丝不苟，认真负责，讲究科学、“三老四严”，踏踏实实做好本职工作的求实精神；胸怀全局，忘我劳动，为国家分担困难，不计较个人得失的献身精神。1990年年初，江泽民同志视察大庆，再次对大庆精神进行科学概括，将大庆精神概括为“爱国、创业、求实、奉献”，具体解释为“为国争光、为民族争气的爱国主义精神，独立自主、自力更生的艰苦创业精神，讲究科学、‘三老四严’的求实精神，胸怀全局、为国分忧的奉献精神”。2019年9月，习近平总书记在致信祝贺大庆油田发现60周年时指出，要“大力弘扬大庆精神、铁人精神，不断改革创新，推动高质量发展，肩负起当好标杆旗帜、建设百年油田的重大责任，为实现‘两个一百年’奋斗目标、实现中华民族伟大复兴的中国梦作出新的更大的贡献”。

铁人王进喜塑像

一、为国争光、为民族争气的爱国主义精神

爱国主义精神是大庆精神的核心，具体体现为广大干部职工在重重困难面前，依然坚定为国家争光、为民族争气的理想信念。在石油会战中，他们喊出了“三要十不”的口号，要甩掉我国石油工业落后的帽子，要高速度、高水平地拿下大油田，要赶超世界先进水平、为国争光，不怕苦，不怕死，不为名，不为利，不讲工作条件好坏，不讲工作时间长短，不讲报酬多少，不分职务高低，不分分内分外，不分前方后方。“三要十不”精神体现了参加会战的广大干部职工的豪情壮志和爱国情怀，一直激励着石油会战职工奋发向上，锐意进取，不甘落后。

新中国成立后，我国处于帝国主义的封锁包围中，为了阻挠中国

大庆油田的抽油机

的发展和进步，它们一再威胁中国的主权和安全。面对严峻的国际形势，中国人民意识到只有具备强大的实力，才能更好地保护自己，要加紧自己的建设和发展，要与帝国主义争时间、抢速度。于是，在西方的经济封锁之下，中国走上了独立自主、自力更生的发展道路。尤其在能源开发方面，面对国际上大肆宣传的“中国贫油论”，1960年，一场史无前例的石油大会战在松辽平原正式打响。在石油会战中，有“永不卷刃的尖刀”之称的1202钻井队和“钢铁钻井队”之称的1205钻井队，它们立志要多打井、快打井、打好井，赶超世界先进水平。1961年，1202钻井队以9个半月的时间钻井31 746米，超过了苏联的格林尼亚功勋队的纪录，一举夺得当时的快速打井世界冠军。以此为起点，1202钻井队和1205钻井队后来双双创造了年钻井5万米、7万米的世界纪录。1966年，铁人王进喜和1202钻井队队长屈清华到北京报喜时，得知美国一个王牌钻井队年最高进尺达到 90 325 米，他们立志“年上 10 万米，为国再争光”。当年 12 月底，随着第 82 口井开钻，两个队就要登上年上 10 万米的世界钻井高峰了。可当 1202 钻井队这口井钻到 900 多米的时候，井口管突然破裂，泥浆流了满井场。“泥浆是钻井的血液”，眼看血液就要流光了，这井还能打吗？难道年上 10 万米的目标就要功亏一篑了吗？就在这危急时刻，几名工人手脚并用，清理泥浆沟里的沉沙，把泥浆引流回泥浆地，一直干了 4 个多小时。最终，带着 10 万米标志的钻机成功进入地下。1202 钻井队的英雄们仅用 11 个月零 4 天，打井 82 口，进尺 100 101 米，与 1205 钻井队同时登上年钻井进尺 10 万米的世界高峰，真正地为国争了光，为民族争了气。

石油会战时期，正值我国内忧外患的艰难时期，国内经济发生严重困难，国外面临着帝国主义封锁和苏联的背信弃义。因此，中国石油勘探开发和国外最大的区别，就是中国的石油人怀着祖国尊严高于一切的伟大的爱国主义情怀。我国的石油勘探事业在最初就是以甩掉“贫油国”的帽子、为祖国争气为先导的，大庆油田在那样恶劣的条件下得以开发成功，正是由于中国石油人这种祖国尊严高于一切、为祖国贡献一切的伟大的爱国主义精神，他们抛掉个人利益，义无反顾地投入石油大会战。他们没有汽车，就骑着骆驼；没有导航仪，就手拿罗盘；没有钻井机，就靠土法顿钻；没有发掘机，就靠人工挖坑道。新时期，大庆精神中的爱国精神已不再仅仅是甩掉“贫油国”的帽子，也有着更为深刻和符合时代特征的内涵。正如大庆油田有限责任公司所提出的那样，维护国家石油战略安全，促进国民经济全面、协调和可持续发展是爱国精神的表现；保护石油资源，发展替代产业，实现可持续发展，对员工负责，对铁人后代负责，为企业长远发展负责，同样也是爱国主义的鲜明体现。

新时代，大庆人不断赋予大庆精神、铁人精神新的时代内涵，始终高举旗帜、牢记使命，切实把爱国主义精神体现在服务国家发展大局上。特别是近年来，大庆人不仅在大庆努力铸就着中国梦，还通过“一带一路”建设把油井打到中亚、非洲等地，在为当地人民造福的同时，不断创造属于中国人的石油开发新纪录，在国际合作中继续弘扬大庆精神、铁人精神，以实际行动继续为国争光。

二、独立自主、自力更生的艰苦创业精神

艰苦创业精神是大庆精神的精髓，恶劣的条件下石油工人们艰苦奋斗，形成了“六个传家宝”。周恩来曾说：“毛主席在井冈山时就讲自力更生，1962 年我去大庆，那真称得起是‘艰苦奋斗，自力更生’的典范。”一穷二白的石油会战，靠的就是这艰苦奋斗、自力更生，战胜了一个又一个困难，获取了一个又一个胜利。石油会战时期，大庆从国民经济建设的大局出发，没有把眼睛盯在向上级要“自主权”上，也没有坐等国家给解决所面临的新困难，而是靠着自力更生、艰苦创业的精神，在一片荒原上白手起家，建成了大油田。在条件变化了的情况下，仍然自觉加压、奋进不止，立足挖掘内部潜力，不断发展自己。

“五把铁锹闹革命”是独立自主、自力更生的艰苦创业精神的生动体现。大庆石油会战期间，三年严重困难迫使许多灾区和贫困地区的职工家属扶老携幼来大庆，投奔亲人，更增加了粮食和住房的困难。会战领导小组一致认为，家属问题不解决，会战队伍很难稳定，

很难完成会战任务，于是决定组织家属参加生产劳动。1962年春天，大庆油田的第一个家属生产队诞生了。当时，很多家属都报了名，最后确定薛桂芳、吕玉莲、王秀敏、杨学春、丛桂兰5人第一批去“八一新村”开荒种地。这年4月的一天，5人背着行李、粮食，领着一个不满4岁的孩子，扛着铁锹出发了。由于茫茫草原草深无路，她们深一脚浅一脚，一步一步地向前挪，走了大半天，才到达“八一新村”。当时钻井队留下的一栋只有四根柱子、没有房盖、四面没有墙的破房子就是她们的家。看到这样的情景，5人二话没说，就开始盖房，没有房盖，她们就从附近的副业队借来一块帆布，把房顶和四周都盖上；没有床，她们就到很远的地方抱些干草来铺在地上，打起了地铺。晚上，经过一天的劳累，几个人又困又乏，但又不敢睡觉，因为那时荒原上经常有野狼出没。为了能让大家睡个好觉，薛桂芳便把4把铁锹插在门口，一把铁锹枕在头下，说：“你们就放心睡吧，我给你们放哨。”第二天，她们就领着孩子下地了。4月的早晨，天气很冷，土地还没有完全化冻，草根又深，挖起来十分吃力。她们一锹一锹地挖，从早到晚苦干11个多小时，才挖了1亩地。就这样，她们边学边干，而且越干越熟练。几天时间，她们就种了16亩地，到秋天，收获1 750公斤粮食。“五把铁锹闹革命”与“缝补厂”精神、“人拉肩扛、干打垒、回收队、修旧利废”精神形成了艰苦创业的“六个传家宝”，使石油会战大军克服了许许多多意想不到的困难，赢得了大庆石油会战的胜利。

大庆人的革命加拼命精神，艰苦创业的“六个传家宝”，不怕死、不怕任务重的几不怕精神等都体现了石油会战时期的创业精神。以铁人王进喜为代表的会战职工，喊出了“大雪当炒面，北风当电扇，为了大会战，干、干、干”的豪言壮语。在大庆油田艰难的创业初期，大批职工家属及其子女迁来油田，没有房子就造干打垒，没有粮食就开荒种地，开发了一个个农业点，建起了学校、商店，兴办了各种有益油田发展的事业。不论遇到什么困难，职工家属都没有任何怨言，他们默默奋斗，以创业为荣。他们在为祖国献石油的同时，创建了足以令自己欣慰和自豪的美好家园。他们不向国家提要求，也不向国家要条件，完全靠自己的双手来创造。

艰苦创业精神已深深融入大庆这座石油城的血脉，不仅体现在石油会战时期，更体现在以石油为主的资源型城市的建设过程中。为传承和弘扬大庆精神，大庆发起“唤醒传统意识、回归严实作风”的号召，出台了一系列新的管理办法，开源节流、降本增效，用管理制度的硬约束，实现成本投资的硬下降。从2016年整体性亏损，到2017年年中生产经营指标全线飘红，再到2018年年底经营收入、利润总额、税费创3年来最好水平，大庆人又打了一场漂亮的翻身仗，再次向世人证明，自力更生、艰苦奋斗是大庆精神永不褪色的鲜明特质，这对于激励我们意气风发向着第二个百年奋斗目标迈进具有极其重要的意义。

知识链接

铁人精神

“铁人”是20世纪六十年代社会送给石油工人王进喜的雅号，而铁人精神是对王进喜崇高思想、优秀品德的高度概括，也集中体现出我国石油工人的精神风貌。铁人精神内涵丰富，主要包括：“为国分忧、为民族争气”的爱国主义精神，“宁肯少活20年，拼命也要拿下大油田”的忘我拼搏精神，“有条件要上，没有条件创造条件也要上”的艰苦奋斗精神，“干工作要经得起子孙万代检查”“为革命练一身硬功夫、真本事”的科学求实精神，“甘愿为党和人民当一辈子老黄牛”的埋头苦干的奉献精神，等等。铁人精神无论在过去、现在还是将来都有着不朽的价值和永恒的生命力。

三、讲求科学、“三老四严”的求实精神

求实精神是大庆精神的灵魂，表现为对工作精益求精、一丝不苟，对科学知识努力学习、刻苦钻研。大庆人常说：“讲干劲要猛如虎，讲细劲要细如绣花。”这里的“细”就是指求实精神，充分体现了石油工人高度的革命自觉和严谨认真的工作态度。石油工人的工作对象在地下，整个石油开采系统是一个看不见、摸不着的隐蔽工程。如何保证油井准确打入有开采价值的油层？开采过程中，怎样随时掌握油层的变化以改进完善工艺、保持高产？怎样根据不同的油层层性采取相应的配套技术？所有这些问题都需要以严谨的科学态度、实事求是的实干精神来解决。

“万里测温”是讲求科学、严谨认真的求实精神的有力体现。大庆原油的含蜡量高、凝固点高、黏度高，在28℃以下就流不动，要把原油运出去就得在油库给原油加温。为了弄清大庆原油在长途运输过程中油温和沿途风速气温的变化，给原油加温提供更科学的设计数据，设计院把随油罐车测温的任务交给了助理技术员蔡升和实习员张孔法。两个人接到任务后，在大冷天就出发了。他们怀抱温度计，身揣窝窝头，在没有任何保温措施的油罐车内开始了艰苦的测温工作。每隔一小时，他们就轮流探出身去，把风速仪和温度仪伸向外面测量一次风速和气温。每到列车停车，他们又拿起温度计爬到油罐车顶上测油温。车顶上毫无遮挡，风雪又大，每测一次都冻得浑身麻木，但他们从不马虎，每次都坚持二三十分钟，把数据测准。他们就这样从大连到大庆往返了5次，行程达1万多公里，共测大

气温度800多次、风速600多次，取得油温变化数据1 400多个，掌握了油温变化的规律，获得了科学的设计依据，为国家节省了大量的资金和钢材。正是有着像他们这样的千千万万的石油人，会战队伍才能独创“糖葫芦封隔器”“六分四清”等一系列自主创新的采油工程、油田开发工艺，才能闯出一条自主开发建设大油田的道路。

石油会战时期的求实精神主要表现为“三老四严”。“三老四严”的提法，最早出现于1962年，到1963年就形成了完整的表述。“三老四严”的作风与精神，就是指对待革命事业，要当老实人、说老实话、办老实事；对待工作，要有严格的要求、严密的组织、严肃的态度、严明的纪律。这一作风是大庆石油工人高度的主人翁责任感和科学求实精神的具体体现，是对大庆油田企业文化融会中华民族优秀文化传统最基本、最典型、最生动的概括和总结。“三老四严”作为中华民族的优良传统，现在不会过时，将来也不会过时。当年的铁人求实精神体现为拼命拿下大油田，艰苦奋斗，埋头苦干。新的时期，我们要立足国家、企业和市场的需要，要坚持求真务实，进一步增强核心竞争能力，为企业长远发展奠定基础。

在大庆油田60多年的发展历程中，以“科技兴油保稳产的大庆‘新铁人’”王启民为代表的一批批科技工作者，始终秉持务实创新的科学精神，把高昂的政治热情、爱国奉献精神和严谨求实的科学态度结合起来，以一种“挑战不可能、敢为天下先”的英雄魄力，不断向着一个又一个油田开采科技难题英勇冲锋。大庆的奋进之路，就是弘扬大庆精神、铁人精神，讲求科学、务实创新，努力掌握决定命脉的核心技术，在不断战胜各种风险挑战中破浪前行。

四、胸怀全局、为国分忧的奉献精神

奉献精神是石油会战赢得胜利的保障，体现在为了国家的石油事业，不惜奉献自己的青春和生命。“宁肯少活 20 年，拼命也要拿下大油田”精神，体现了以王进喜为代表的大庆石油职工一不怕苦、二不怕死的奉献意识。为了早日拿下大油田，大庆会战职工把个人的生活目的和奋斗目标同国家和民族的利益紧密地联系在一起。面对严峻的国际环境和国内经济形势，在艰苦的创业年代，他们凭着胸怀全局、为国分忧的奉献精神，与祖国同呼吸、共命运。有的人把生命献给了油田，鞠躬尽瘁；有的人为了拿下大油田，拼命大干，积劳成疾；有的人放弃了天伦之乐，远离妻儿老小，舍己奉公，他们用实际行动践行着胸怀全局、为国分忧的奉献精神。

大庆石油会战，是在困难的时期、困难的地方、困难的条件下进行的。面对重重困难，是等条件具备了再上，还是创造条件上？石油工人从《实践论》和《矛盾论》的光辉著作中，看透了困难，找到了答案。他们喊出了“有条件要上，没有条件创造条件也要上”的豪迈誓言。那时候，生产运输工作相当困难，急需大型卡车和工程车辆几千台、起重机几十台。可是现场只有大型卡车几百台，吊车十来台，怎么办？靠几万人的革命干劲，采取人拉肩扛加滚杆的办法，硬是把几万吨的设备、器材和五六十吨的大钻机从火车上卸下来，然后一点一点地拖到几公里以外的井场安装起来。钻机需要水，运水的车辆少，水供应不上，王进喜同志就带领职工用水桶、脸盆从几百米以外的水泡子打水，一盆一盆地端了几十吨水，保证了钻井的需要。1960

年，刚进10月，天就开始降雪。为了确保冬季生产和会战职工过冬，从机关到基层，每天出动上万人挖沟覆土，把新铺设的输油供水管线深埋地下，技术人员和工人还发明了“长烟道”“热风吹”等多种多样的保温措施，解决了油井和油气集输管线的保温问题。就是这样，在各种物质条件、生活设施条件都不具备的情况下，石油工人们充分发挥主人翁责任感和内在积极性，不计个人得失，创造了必要条件，把会战打了上去，把油田拿了下来。在石油大会战的艰苦环境中孕育、形成的大庆精神，培养出了一批又一批铁人式的过硬队伍，直接推动了石油会战的成功，推动了大庆油田的稳产高产以及大庆城市的可持续发展。作为石油人特殊又稳定的职业素质，这种精神已经融入石油人的血液中，成为石油人不断创新、不断进步的动力与源泉。新时期铁人王启民作为石油人的榜样，扎根大庆油田，几十年如一日，把所有时间和心思都花在了油田勘探开发的科研实践中，他先后主导的“高效注水开采方法”、“分层开采、接替稳产”开发试验和“表外储层”开发研究等均获得成功，不仅为大庆油田高产稳产做出了巨大贡献，也让中国石油开发走出了一条特色之路。

大庆油田的创业史发展史，是对奉献精神最生动的诠释，至今仍激励着一代代石油人不断书写为国为民奉献的感人故事。这些平凡英雄在为他们无限热爱的石油事业、为中华民族的伟大复兴默默奉献，也不断用自己的行动为大庆精神、铁人精神注入新的榜样力量和时代价值。新时代弘扬大庆精神，要结合时代条件和实践要求，紧跟马克思主义中国化理论创新的步伐，以习近平新时代中国特色社会主义思想为理论指导提升和丰富自己的内涵，使之更深入、更持久地发挥内在价值，更好地服务于经济、政治、文化、社会等诸领域的建设。

大庆精神是中国共产党人的精神谱系的重要组成部分，体现了当代中国人民的理想、信念和追求，是社会主义核心价值观的直接体现。弘扬大庆精神，就是要进一步加强业务理论学习，认真务实，扎实工作；要立足本职工作，埋头苦干，奋发进取，做实践中的实干家；要在工作中保持奋发有为的精神状态。无论是过去、现在，还是将来，大庆精神永不过时，不仅在石油战线发挥了巨大作用，而且激发了全国各族人民强烈的民族自豪感。面对中华民族伟大复兴的战略全局和世界百年未有之大变局，我们更要弘扬大庆精神、铁人精神，保持为祖国争光、为民族争气的情怀，保持敢闯敢试、忘我拼搏的勇气，保持艰苦奋斗、永不服输的韧劲，为实现中华民族伟大复兴的中国梦做出新的更大的贡献！

第十二章
焦裕禄精神

亲民爱民、艰苦奋斗、科学求实、迎难而上、无私奉献的焦裕禄精神，过去是、现在是、将来仍然是我们党的宝贵精神财富，永远不会过时。生命有限，很多英雄模范人物崇高精神的形成过程也是有限的，但形成了一种宝贵精神财富，是一个永恒的定格。焦裕禄精神，同井冈山精神、延安精神、雷锋精神、红旗渠精神等都是共存的。任何一个民族都需要有这样的精神构成其强大精神力量，这样的精神无论时代发展到哪一步都不会过时。

——《党的伟大精神永远是党和国家的宝贵精神财富》，《求是》2021 年第 17 期焦裕禄同志是人民的公仆，是县委书记的榜样，也是全党的榜样。1966 年 2 月 7 日，由穆青、冯健、周原撰写的长篇通讯《县委书记的榜样——焦裕禄》在《人民日报》发表以后，迅速在中华大地掀起了向焦裕禄同志学习的热潮。正如习近平总书记所描述的那样："我们这一代人是深受焦裕禄同志事迹教育成长起来的，焦裕禄同志的形象一直在我心中。"

一、亲民爱民的公仆情怀

焦裕禄，山东省淄博市北崮山村人，1922 年 8 月 16 日出生在一个贫农家庭里。抗日战争初期，焦裕禄曾多次被日寇抓去毒打、坐牢，后又被押送到抚顺煤矿当苦工。1945 年抗战胜利后，焦裕禄主动要求当了民兵，参加过解放博山县城的战斗。解放战争后期，焦裕禄随军离开山东，到了河南，被分配到尉氏县工作，后又被调到青年团陈留地委工作和青年团郑州地委工作。1953 年 6 月，焦裕禄响应党的号召，到洛阳矿山机器厂参加工业建设，担任车间主任、科长，直到 1962 年。1962 年 6 月，为加强农村工作，焦裕禄被调回尉氏县，任县委书记处书记。同年 12 月，被调到兰考县，任县委第二书记、书记。1964 年 5 月 14 日，不幸逝世，时年 42 岁。

焦裕禄在兰考任职只有470多天，但在他去世50多年后，老百姓仍然怀念他，这足以证明：只有把人民放在心上，人民才会把我们放在心上；只有把群众当亲人，群众才会把我们当亲人。这种“心中装着全体人民，唯独没有他自己”的公仆情怀，源自他对马克思主义的信仰，对社会主义和共产主义的信念，对党的宗旨的执着。

1963年前，“焦桐”[①] 所在的兰考县朱庄村，还是个风沙口，每当刮风，扬沙四起，两米外的人和物都模糊不清。朱庄村村民魏善民当时刚20岁出头，回忆起当时的情景，深有感触地说：“那会儿都穷，因为风沙大，没有姑娘愿意嫁过来。”1963年3月，新来的县委书记焦裕禄把朱庄村列为发展泡桐治理风沙的重点大队之一，并亲自带领村民在沙土地上开始翻淤压沙“贴膏药”，种植泡桐树。

时任县委办公室宣传干事的刘俊生回忆，焦裕禄在兰考县任县委书记期间，工作了475天，只留下4张照片。每次下乡，焦裕禄总是让刘俊生带上相机，可到了工作地点，他却又不让刘俊生把镜头对准他。刘俊生不解地问：“焦书记，每次跟你下乡，你都告诉我带上照相机，为什么不让我给你照相呢?”焦裕禄说：“下乡让你带着照相机，是让你多给群众拍些镜头，对他们是鼓舞，又很有意义!”刘俊生说：“要是把你和群众在一起劳动的镜头拍下来，群众一定会说，咱和县委书记一起照了相！这不是对他们更大的鼓舞吗?!”焦书记听后，笑笑说：“你找理由想给我照相，那么，今天就照一张吧。我爱泡桐，就在泡桐树旁给我们照个相吧。”

1964年1月26日，焦裕禄在开封地委参加会议，肝病突然加重，

---

① 1963年3月，焦裕禄来到兰考县朱庄村，为防风固沙而栽下一棵泡桐树，如今这棵树已成为焦裕禄精神的象征，被人们称为“焦桐”。

焦裕禄雕像

疼得满头汗珠。地委领导命令他立即住院治疗，他说："年初要安排一年的工作，现在不能住院。"一位有名的中医为他开了个好药方，他一看每服药要花 30 元钱，嫌太贵没买。县委的同志背着他取了 3 服，竟挨了他的批评："兰考是个灾区，群众的生活很苦，吃这么贵重的药，谁咽得下去?"他执意不再买第 4 服药。

焦裕禄在重病期间，还念念不忘人民群众，念念不忘党的工作，带领全县人民战天斗地，奋力改变兰考贫困面貌。直到生命的最后一刻，他挂念的仍然是兰考的"三害"，要求组织上在他死后把他的遗体运回兰考，"看着兰考人民把沙丘治好"。他临终前想的仍然是人民群众的幸福安康，真正做到了鞠躬尽瘁，死而后已，充分体现了共产党人的崇高风范。

习近平总书记指出，领导干部要深刻认识新形势下群众工作的重要性和紧迫性，坚持马克思主义群众观点和党的群众路线，以高度的政治责任感扎实做好联系群众、宣传群众、组织群众、服务群众、团结群众的工作，不断提高群众工作水平。面对广大人民群众过上更加美好生活的新期待，决不能有丝毫的自满和懈怠，必须以更大的勇气、魄力和智慧锐意推进各项改革发展任务，使改革发展的成果能更多地惠及最广大人民群众。

二、艰苦奋斗的精神风貌

焦裕禄精神形成于三年严重困难之后。“吃也愁，穿也愁，住也愁，烧也愁；出门愁，进门愁；前也愁，后也愁；白天愁，夜间愁……愁来愁去没个头”，是当时兰考县社会生活的真实写照。焦裕禄同志和兰考县党员群众依靠“艰苦奋斗，自力更生”的精神，战胜了严重困难，历史上缺粮、常吃救济粮的老灾县，粮食达到了自给，还卖给国家800多万斤花生、几十万斤皮棉。

在离开兰考前的几个月，为了能够坚持工作，焦裕禄时常忍受着疾病的折磨。即便这样他也不舍得在办公室购置几件舒服的椅子、桌子和其他办公用具。他经常把右脚踩在椅子上，用膝盖顶住肝部。他棉衣上的第二、第三个扣子总是不扣，因为时常要用手压住肝部。在办公室里，钢笔、铅笔、茶杯、茶缸盖都成了他压迫止疼的工具。天长日久，他的藤椅上竟被顶出了个大窟窿。

焦裕禄做人为官不但严格要求自己，还常常严格教育家人和孩子，要艰苦朴素，不能搞特殊待遇。焦裕禄的大女儿焦守凤初中升高中没有考上，希望父亲能够帮她安排复读，或者去机关当打字员或当教师。然而，焦裕禄怎么也不同意，最后安排她去供销社副食品加工厂干临时工。焦裕禄还对厂长说，你们千万不要以为她是县委书记的女儿就高看一眼，一定要把她安排在最苦、最累、最脏的地方，这样才对她的进步有好处。后来，在焦裕禄病重的时候，焦守凤去郑州看望父亲。为了表达对女儿的歉意，焦裕禄取下了自己佩戴多年的那块手表，交给守凤，说："爸爸没让你继续读书，也没给你安排好工作，爸爸对不起你，这块旧手表是爸爸唯一的财产，送给你做个纪念吧。"焦裕禄在临终前，对一直以来和他相敬相爱的妻子徐俊雅说："我死后，你会很难。但日子再苦再难也不要伸手向组织上要补助，要救济。"焦裕禄去世后，这么多年，徐俊雅毅然扛起了家庭的担子，并牢牢地守着焦裕禄的嘱托。

党的事业，人民的事业，是靠千千万万党员干部的忠诚奉献不断铸就的。为改变兰考的贫穷面貌，焦裕禄忍受着常人难以忍受的病痛折磨，带领全县人民顽强斗争，用自己短暂的一生，以自己的模范行动，塑造了一个优秀共产党员和基层领导干部的光辉形象，铸造了包含艰苦奋斗、竭诚奉献等高尚品质的焦裕禄精神。

三、科学求实的务实作风

焦裕禄带领兰考人民治理"三害"的过程，就是扑下身子、求真务实、真抓实干的过程。他坚持深入基层、深入群众，一切从实际出发，从人民群众的利益出发，办实事、求实效，不搞空洞无用的形式主义和花架子，用实实在在的工作成效取信于民、造福于民。正是这种深入、系统、全面的调查研究，使他能够在较短时间摸清"三害"

发生的规律，制定切合实际的规划，从而最终改变兰考的面貌。

早在洛阳矿山机器厂工作期间，焦裕禄就坚持深入工厂第一线，向普通工人学习，甘当工人群众的小学生。他被任命为修建从火车站通往厂区的临时公路的总指挥时，积极向有施工经验的工人学习，还常常召开由技术人员、老工人、民工队长参加的“诸葛亮会”，群策群力解决了一个又一个的施工难题，使 7 000 米的公路得以提前完工，为厂区的筹建奠定了基础。洛阳矿山机器厂建立起来后，焦裕禄担任一金工车间主任。为了弄清机器零件，他钻到机床下，每个设备每个环节都对着图纸认证，满身油污，技术员说：“这些都在图纸上标着号呢，一看就知道，根据图纸一下子就能找到。”焦裕禄却说：“那不是一回事，别管设备多么复杂，总会有个规律。如果你亲自找，找到一个核心部件，其他的也就能找到了。如果单单看图纸，那就是吃别人嚼过的馍，没味道。”凭着这股科学求实的工作作风，焦裕禄在洛阳矿山机器厂带领工人克服了一个又一个的技术难题，制造出了全国第一台双筒提升机。

焦裕禄赴兰考担任县委书记后，牢记党和人民的重托，为改变兰考贫穷落后的面貌，更加重视深入群众、调查研究的工作作风。他总强调一点：你不蹲下去，就看不清蚂蚁。他不仅自己跑遍了全县所有的乡镇和大部分村庄，也要求干部们深入基层，真正了解老百姓的需要。他对干部提出过“三同”要求，即与老百姓同吃、同住、同劳动。

上任第二天，焦裕禄就深入灾情严重的城关区调研。他到贫下中农的草屋里，到饲养棚里，到田间地头，了解情况，查看灾情。从许贡庄到胡集，又从胡集到许楼、黄楼等，每到一个村庄，他都要详细查看当地的自然地理环境，并深入村民家中询问、调查生产生活状况。通过实地调查研究，他不仅掌握了当地的基本情况，而且拉近了和群众的关系。在城关区老韩陵村，他挨家挨户到群众家中访问，问吃得咋样，烧得咋样，看屋里有多少粮食，有棉衣、被子没有。他来到老饲养员萧位芬的牛屋，和这位老人拉家常、说心里话，向他请教改变兰考面貌的办法，一直谈到深夜。从此，他们之间建立了深厚的友谊。

焦裕禄蜡像

上任初期，焦裕禄一直深入灾情严重的几个公社调查。在韩陵公社，他先后召开生产队长、妇女干部、社员代表座谈会和群众大会，了解到群众最迫切的要求是喂好牲口，多积肥料，管好桐树，种好花生。针对牲口缺草、缺料、缺垫糠的情况，焦裕禄发动群众 3 天打扫垫糠 400 多车，收草 63 000 斤，兑牲口料 1 140 斤。他还根据调研实际，改变了牲口喂养办法，由原来的轮流喂养改为固定到户，承包饲养。他看到老韩陵村头的麦苗被猪、羊啃吃很多，就组织制定了麦田管理措施，规定猪、羊必须上圈。他还对社员的生活状况进行调查，弄清谁家是困难户，谁家缺粮，谁家缺棉衣，进行有针对性的救助。

1963 年 5 月 18 日，兰考县狂风暴雨，焦裕禄冒着大雨亲自查看县城里的排水问题。第二天，他主持召开县委常委会，提出抗洪救灾的五条意见，并从县直机关抽调一批干部，到各公社帮助查看水情，做好排水工作。与此同时，焦裕禄通知水利局全力以赴下去查看水向，绘出图例。县委常委分片包干带领抽调人员立即下去。焦裕禄也立即带领 3 个人蹚着水到田庄、金营、杜河庄、梁孙庄查看水情。每经过一个村庄，他都进村看看社员的住房，观察群众的情绪，询问排水情况。之后几日，大雨继续下，焦裕禄顺着水的流向，一个村一个村地查看。城关公社的桂李寨地势高，水流上不去，积在北边 6 个大队的地里。焦裕禄决定从桂李寨排水，挖出 5 条排水沟，救出庄稼 2 500 多亩。由于在这场大雨中救灾工作做得及时，全县排出积水面积 73 600 亩，占水淹面积的 36%，占能排面积的 92%，补种大秋作物1 700 亩，修盖房子 1 696 间，安置倒塌房屋的群众 1 440 户。

焦裕禄在广大群众中询问着、倾听着、观察着、思考着。他坚持实事求是，深入调查研究，认真听取群众意见，笃信“吃别人嚼过的馍，没味道”，从而获得了兰考社会生活的第一手资料。他始终把求真务实、真抓实干作为一种科学精神、一种工作作风、一种人生态度。白天下去调查研究，晚上回来琢磨情况、看文件，再通过“过电影”的方式，找出存在的问题，总结经验教训，通过这种深入、系统、全面的调查研究，为治理“三害”奠定了基础。毛泽东说：“没有调查，就没有发言权。”“你对于某个问题没有调查，就停止你对于某个问题的发言权。”一切问题的解决，不是来自调查的开始，而是来自调查的结束。

四、迎难而上的大无畏精神

面对兰考“三害”肆虐，面对当时沸沸扬扬的所谓“灾区栽干部”的议论，焦裕禄无所畏惧。当地委书记张申找他谈话，向他传达组织上任职的决定时，他态度十分坚决，要立即到兰考报到。来到兰考，面对肆虐的“三害”，焦裕禄看到的不是绝望和黑暗，而是希望和光明，他豪迈地喊出“不改变兰考的面貌，绝不离开兰考”的誓言，他下定决心，称“有朝一日，沙丘可以变成绿林，涝洼可以养鱼，盐碱地可以长出好庄稼，关键是要有一个‘干’字”。

面对困难，焦裕禄保持了一个共产党人的乐观主义精神，善于运用辩证唯物主义观点来分析对待矛盾和问题。他在工作中总是亲力亲为，对沙丘一个个查看测量，带领技术人员实地测量排涝河渠。那时的测量技术比较落后，只能是人工实地查看和丈量。要想准确地设计好河渠的走向，就要现场查看水情，根据水情和地势来确定河渠的路线。但是如果不下雨就很难看到实情。当看到大暴雨时，人人避之不及，焦裕禄却是另一种思考，他说：“洪水呀，等还等不到哩，你自己送上门来了。”焦裕禄说这话的时候，并不是不知道洪水的危害，而是看到了它有利的一面。在大雨倾盆、洪水遍野的时候，焦裕禄带着技术员，靠着一根木棍，蹚水而走。当焦裕禄冒着大雨来到生产队时，生产队干部问他咋来的，他幽默地说："坐船来的。"生产队干部问他："船在哪儿?"他举起木棍笑了笑说："就是这个。"焦裕禄就是用这种方法准确地测量并设计出了改变兰考内涝的大小河道。这一事例充分说明焦裕禄善于利用矛盾相互转化的规律来看待不利因素，并将其转化为有利因素。这正是中国共产党人革命乐观主义和大无畏精神的最好体现。

五、无私奉献的道德情操

艰苦朴素、清正廉洁、无私奉献，是党的优良传统，也是共产党人先进性、纯洁性的集中体现。焦裕禄对自己、对家人从严要求，"任何时候都不搞特殊"，以廉洁奉公、无私奉献的实际行动，诠释了共产党人的高尚情操和道德风范，在人民心中铸就了一座永恒的丰碑，在党员干部心中树立了崇高的形象。

1963年春节，焦裕禄为兰考县委起草了《关于鼓足干劲，搞好生产，做好工作，勤俭过春节的通知》(简称《通知》)，强调："兰考是个灾区，还有许多困难，过节必须坚持勤俭建国、勤俭持家、勤俭办一切事业的方针，不论集体或个人，不要浪费一分钱，不办那些可办可不办的事。"《通知》还特别规定党员、干部切实做到"十不准"，并以身作则。"十不准"是焦裕禄对党员干部铺张浪费、假公济私和特权思想的尖锐批判，体现了他把职位看作为人民服务的岗位、把职权看作受人民委托的崇高品质。

焦裕禄年轻时曾当过戏剧演员，所以特别爱看戏。一天，他去兰考剧场买票看戏，排队时有人认出了他，惊讶地说："焦书记，您看戏也排队?”焦裕禄笑笑说:“我看戏咋就不能排队买票?”最后,他买到了一张第27排的票。对号入座后,剧场负责人发现他坐在后排,很抱歉地说:“焦书记,请您到前排坐吧,前面有空位。”焦裕禄连连摆手:“乡下群众轻易不进趟城,看戏机会少,当领导的不应该把好座位占了。”剧场负责人说:“前三排是给县领导留的位置,这是多年的老规矩了。”焦裕禄眉头一皱:“过去个别人兴起的老规矩不合理,应当废除!”

精神的力量是永恒的。焦裕禄同志用自己的实际行动塑造了一个优秀共产党员和优秀县委书记的光辉形象,铸就了亲民爱民、艰苦奋斗、科学求实、迎难而上、无私奉献的焦裕禄精神。焦裕禄同志虽然已经离开我们50多年了,但他的崇高精神跨越时空、历久弥新,不因岁月尘封而失色,不因时代变迁而黯然,无论是过去、现在还是将来,都永远是亿万人民心中一座永不磨灭的丰碑,是鼓舞和激励我们艰苦奋斗、求真务实、开拓进取的宝贵精神财富。

第十三章 “两弹一星”精神

伟大的事业，产生伟大的精神。在为“两弹一星”事业进行的奋斗中，广大研制工作者培育和发扬了一种崇高的精神，这就是热爱祖国、无私奉献，自力更生、艰苦奋斗，大力协同、勇于登攀的“两弹一星”精神。

——江泽民：《在表彰为研制“两弹一星”作出突出贡献的科技专家大会上的讲话》，《人民日报》1999年9月19日第1版

“两弹一星”精神激励和鼓舞了几代人，是中华民族的宝贵精神财富。

——《习近平亲切看望著名科学家》，《人民日报》2011年1月27日第4版

“两弹一星”是指核弹、导弹和人造卫星。“两弹”中的一弹原指原子弹，后来演变为原子弹和氢弹的合称，即核弹；另一弹是指包括中近程、中远程、远程、洲际导弹在内的导弹；“一星”则指人造地球卫星。

1960年11月5日，中国制造的第一枚地对地导弹成功发射，后相继成功发射了中远程导弹、远程导弹、洲际导弹、固体潜地导弹等；1964年10月16日和1967年6月17日，我国第一颗原子弹和第一颗氢弹相继爆炸成功；1970年4月24日，我国第一颗人造卫星发射成功。在为“两弹一星”这一历史伟业奋斗的过程中，无数研制工作者培育和发扬了“热爱祖国、无私奉献，自力更生、艰苦奋斗，大力协同、勇于登攀”的伟大精神，即“两弹一星”精神。

整个20世纪50年代，美国的核武器就像一片阴云始终笼罩在中国人民头顶，特别是朝鲜战争期间美国多次对中国公然进行核威胁。中国不得不考虑发展自己的核武器，以打破西方国家的核垄断，保卫国家安全，获得进入国际秩序的入场券。在祖国的召唤下，短时间内，包括海外归国的高精尖科研人才、国内各地的研究力量、抗美援朝归来的指战员在内的大量工作人员，汇集到“两弹一星”工程之中，在自然环境艰苦、经济基础薄弱、苏联外援中断、理论高峰险峻等重重困难中，独立自主、协同攻关，艰难困苦、玉汝于成，以拳拳爱国之情和孜孜以求的坚韧品格，攻克一个又一个难关，终于成功实现原子弹和氢弹的爆炸试验，成功完成导弹和人造地球卫星的发射。“两弹一星”工程的伟大成就，极大地鼓舞了中国人民的志气，增强了中华民族的凝聚力，成为新中国社会主义建设伟大成就的重要标志，在国内外产生了巨大而深远的影响。

1999 年 9 月 18 日，江泽民总书记发表重要讲话，隆重表彰为“两弹一星”做出突出贡献的科技专家，授予和追授 23 名科技专家“两弹一星”功勋奖章。江泽民指出，我国在物质技术基础十分薄弱的条件下，成功地研制出“两弹一星”，为我们实现技术发展的跨越积累了宝贵的经验。广大科研工作者培育和发扬的“两弹一星”精神是爱国主义、集体主义、社会主义精神和科学精神的活生生的体现，是中国人民在 20 世纪为中华民族创造的新的宝贵精神财富。

一、热爱祖国、无私奉献

1935 年 8 月，钱学森作为一名公费留学生赴美国学习和研究航空工程和空气动力学，经过十多年的奋斗，他成为当时世界一流的火箭专家。在第二次世界大战期间，他与其导师冯·卡门参与了当时美国绝密的“曼哈顿工程”——导弹核武器的研制开发工程。新中国成立后，天安门广场飘扬的五星红旗激发了钱学森等留美科技人才的拳拳爱国之心，他们为祖国的新生而深感欢欣，对祖国的美好前景充满憧憬，期待早日回归祖国，用自己的专长为国家建设服务。

然而，美国军方深知钱学森“一个人顶上五个师”，于是通知移民局百般阻挠其回国。不仅全部行李被扣，全家所有活动都被监视，钱学森甚至遭到了联邦调查局的非法拘留。

钱学森故居展出的照片

党和国家对以钱学森为代表的海外学者的处境高度关注。1954年，美英中苏法五国在日内瓦召开讨论和解决朝鲜问题与恢复印度支那和平问题的国际会议，中国代表团秘书长王炳南在会议上与美方代表据理力争，力求通过放行美国在华的侨民和部分军事人员，迫使美国停止扣留钱学森等中国留美人员，但是美方代表仍以中国拿不出钱学森要求回国的证据为由，不肯答应放钱学森回国。

正当周恩来总理为此焦急万分时，时任全国人大常委会副委员长的陈叔通收到了一封从大洋彼岸辗转寄来的信，信中的署名就是“钱学森”。原来钱学森为了摆脱特务的监视，把信写在了一张小香烟纸上，夹在寄给比利时亲戚的家书中，后辗转带给了陈叔通。信中钱学森请求祖国帮助他回国。陈叔通将信亲手交给了周恩来，周恩来阅后大喜：“这真是太好了，据此完全可以驳倒美国政府的谎言！”他当即做出周密部署，令外交部火速把信转交给正在日内瓦谈判的王炳南，并指示：“这封信很有价值。这是一个铁证，美国当局至今仍在阻挠中国平民归国。你要在谈判中用这封信揭穿他们的谎言。”王炳南遵照周恩来的指示，在当年的中美大使级会谈上亮出了钱学森给陈叔通的信件，迫使美国政府不得不批准钱学森回国的要求。

1955 年 9 月 17 日，钱学森偕妻子蒋英和一双幼小的儿女登上了“克利夫兰总统号”，终于踏上了回国的旅途，钱学森激动地说：“我一直相信，我一定能够回到祖国的，今天，我终于回来了！”

“回国不需要理由！”

在参加“两弹一星”工程的科学家中，很多人原本在国外学习、工作，科研和生活的条件优渥，但当他们看到新中国政治上发生翻天覆地的变化而科学技术仍然较为落后时，当他们听到中央政府真诚希望海外游子回国参与国家建设的召唤时，就义无反顾地回到祖国的怀抱。从 20 世纪 50 年代起，钱学森、王淦昌、彭桓武、邓稼先、杨承宗、朱光亚、程开甲、赵忠尧、赵九章、郭永怀、姚桐斌、王承书、张文裕等数以千计的海外科研人员回国参加工作。

他们的爱国情怀充分体现了爱国主义是“两弹一星”精神中最重要、最核心的内容。热爱祖国，是中华民族自古以来共同的价值观，是凝聚全国各族人民最强的向心力，也是“两弹一星”事业中最伟大的精神支撑。爱国主义既是对“两弹一星”科研人员崇高精神的高度概括，也是传承发扬“两弹一星”精神的深厚基础。

著名物理学家彭桓武在英国留学期间因聪颖好学而在科学领域取得突出成就，在面对回国与否这个问题时，他毫不犹豫地坚决表示：

“回国不需要理由，不回国才需要理由!”著名化学家杨承宗在20世纪50年代初响应国家号召积极准备回国参加建设。他坦率地对自己当时在法国进修时的导师居里夫人说，“我出国是为了祖国，回去也是为了祖国”，并带着宝贵的10克碳酸钡镭标准源和一台测量辐射用的100进位的进位器回国，投入原子弹研制工作，并在工作中培养出一批高级科技人才。

“两弹一星”元勋周光召后来说：“我们靠的是一批从国外回来的有高度爱国心的科学家，又靠他们带出一批年轻的科学家，他们靠的是一种崇高的精神，一种为了祖国富强而献身的精神，他们是‘两弹一星’的真正功臣。”正是出于这样一种爱国热忱，他们冲破艰难险阻回到祖国的怀抱，为“两弹一星”工程做出了突出贡献。爱国主义这面旗帜将散布于五湖四海的科学家凝聚起来，显示出巨大的感染力和感召力。

不计名利、无私奉献

研制“两弹一星”需要科研工作者长期在人迹罕至、环境恶劣的条件下工作和生活，科研条件和工作环境都异常艰苦；同时，由于“两弹一星”属于国家最高机密，科研工作者大都需要长期隐姓埋名，甚至与家人都不能通信往来。但为了国家需要，他们始终把国家利益置于最高地位，将个人理想与国家命运紧紧联系在一起，为研制“两弹一星”咬紧牙关、忠于职守，不计名利、无私奉献。

1958年8月，钱三强找到当时在原子能研究所工作的邓稼先去搞原子弹，邓稼先坚定地说：“国家利益高于一切，为了中华民族的崛起，我坚决无条件地服从组织决定!”他深知这是项高危事业，从此必须隐姓埋名，不能发表学术论文，不能做公开报告，也不能出国，连亲朋好友之间的交往也受限制。他毅然告别了妻子，投身于这个常年与世隔绝的科研团队。1979 年，他在一次核试验中受到强烈的核辐射，肝脏和骨髓都严重受损，最终因严重直肠癌导致大出血不幸离世，年仅 62 岁，为国家的至高利益献出了自己的生命。

“两弹一星”元勋、航天材料专家姚桐斌从国外归来时说：“我回来不是为了金钱和地位，而是为了把学到的知识贡献给国家，为我国的航天事业献出力量。”这表达出了参与“两弹一星”工程的所有科研人员不计名利、无私奉献的共同心声。

中国核科学奠基人王淦昌为我国原子弹、氢弹原理突破及第一代核武器研制做出了卓越贡献，1999 年被追授“两弹一星”功勋奖章。就是这样一位优秀的物理学家，却在将近 20 年时间里消失在世界核物理研究的学术圈，没有任何文章和著作公开发表，也没有人知道他去了什么地方。

正是因为有邓稼先、姚桐斌、王淦昌这样的科研工作者，为“两弹一星”工程而放弃国外更好的学术平台，消失在学界和公众视野中，隐姓埋名、不计名利、无私奉献，我国才能在短时间内成功实现“两弹一星”从无到有的重大突破。对这些科研工作者来说，也许从他们选择投身核工程的那一刻起就失去了冲击诺贝尔奖的机会，但他们说：“‘两弹一星’的成功，胜过 10 个诺贝尔奖。”

热爱祖国、无私奉献是创造“两弹一星”伟业的广大建设者和创业者的高贵品格和精神支柱。他们至诚报国、心有大我，淡泊名利、无私奉献，把个人理想和祖国命运、个人志向和民族复兴紧密联系在一起，将爱国情、报国志融入建设祖国的伟大事业中，融入人民创造历史伟业的伟大奋斗中。1964 年 10 月 16 日晚，中央人民广播电台向全国人民宣布“中国第一颗原子弹爆炸成功”。这极大地振奋了中国人民的民族自信心和民族自豪感，也正式向全世界宣告：中华民族任

原子弹爆炸试验成功

人欺凌的时代一去不复返了！“两弹一星”精神中所蕴含的爱国主义精神和民族自豪感，必将长久激励和震撼一代又一代中国人的心灵，汇聚更多英才投入祖国最需要的建设之中，鼓舞新时代的中华儿女为实现中华民族伟大复兴的宏伟目标奋勇前进。

二、自力更生、艰苦奋斗

1956 年春天，党中央果断做出发展原子弹、导弹的战略决策，并积极寻求苏联援助。1957 年 9 月，经过谈判，苏联答应在原子能工业、导弹、火箭武器、航空新技术以及导弹和核试验基地建设等方面对中国进行援助。20 世纪 50 年代，苏联在图纸、设备、专家派遣、人员培训等方面给予中国支援，对中国尖端武器研制起到了“引路人”的作用。

但是，苏联为维护自己社会主义阵营核大国的领导地位，对中国尖端武器研制事业的支持处处设限。特别是1956年之后，中苏两党就国际共产主义运动一系列问题产生分歧，使本就有各种保留和限制的苏联技术援助，在苏联单方面撕毁协议的情况下，于1960年夏天全面终止。苏联甚至还在中苏边界制造如珍宝岛事件等多起武装冲突，中国的国际空间被不断挤压，中国研制核武器所面临的压力也由美国的单向压力转变为美苏的双向压力。

在遭遇外部压力的同时，从1959年到1961年，中国的国民经济也进入极度困难时期。“两弹一星”工程面临多重困难和巨大压力，独立自主、自力更生、艰苦奋斗成为广大研制人员唯一的和必然的选择，“自强”“自立”成为推进“两弹一星”工程的强大精神支柱。

任何困难都吓不倒中国人民。在“两弹一星”工程中，我党坚持以自力更生为主、争取外援为辅的根本方针，广大研制人员靠着自立自强的民族风骨和国家意志，咬紧牙关战胜了一个又一个难以想象的困难，创造出令国人无比自豪、令世界刮目相看的科学成就。用汗水、心血和生命浇灌和培育出来的“两弹一星”精神，生动体现了中国人民自力更生、艰苦奋斗的意志品质。

研制“争气弹”“争气星”

苏联的做法激发了全体科研人员自力更生、发愤图强的精神，他们把自主研发“两弹一星”看成是研制我们自己的“争气弹”“争气星”。导弹总体和科研管理专家徐兰如在回忆录中说：“赫鲁晓夫撤走专家，对仿制工作确实造成了一些困难，不过，对我们也有好处。中国人自己的创造力得以充分发挥，一些苏方不合理的甚至错误的‘规矩’得以改进，我们可以自己动脑、自己动手、自己创新。”就在苏联专家撤走后的第 17 天，我国用国产液体燃料成功发射一枚苏制导弹，为国产导弹积累了经验，增强了科研工作者的信心；第 83 天，祖国的地平线上飞起我国自主制造的第一枚导弹。1966 年，第一颗带有核弹头的导弹发射成功，标志着弹箭结合工作成功，中国从此进入了“有枪有弹”阶段。随后，我国又先后成功发射了中远程导弹、远程导弹、洲际导弹、固体潜地导弹，使弹箭结合日益多元化。

与此同时，在原子能战线上，中央决定集中力量，自主突破原子能技术。在中央和各部门强有力的领导和组织下，大批专家和科技骨干从全国各地迅速奔向工程第一线，我国核武器研制事业迅速发展。钱三强说：“曾以为是最为艰难困苦的关头，却成为中国人民干得最欢、最带劲、最舒坦的黄金时代。”

原子弹比导弹更复杂、花费更大、工程更艰巨。在核弹爆轰试验以前，必须解决理论计算数据问题。在邓稼先的率领下，在没有国外权威资料也没有实践经验的条件下，研制人员用简陋的手摇和电动计算机、算盘和钢笔开展大规模运算，夜以继日地把原子弹的设计轮廓勾勒出来。爆炸力学、中子输运、核反应、中子物理等方面都取得了突破性进展。1966 年 10 月，通过几次关键的“两弹结合”试验，我们走出了一条不同于美苏的尖端事业发展新路。从采矿、冶炼、加工到最为复杂的科研工作，我们因陋就简、因地制宜，创造性地运用当时的设备和试验手段，不断探索属于自己的技术方案，攻克了一个又一个技术难关。

“天行健，君子以自强不息。”正是凭着这种自信、自强、自立，中国的“两弹一星”事业在外部压力巨大、内部经济困难的条件下，在较短的时间内取得了举世瞩目的成就。

金银滩上马兰花开

自力更生、艰苦奋斗的精神不仅体现在参与“两弹一星”工程的科研工作者独立研发、自主创新的科学成就中，还体现在全体参与这项伟大工程的建设者在艰苦环境下奋发图强、顽强作战的拼搏过程中。

1957 年 5 月，经过一系列勘测和反复斟酌，中央领导和有关专家认为青海省的金银滩是最适合修建核武器研制基地的地方。筹建报告批准后的 3 天内，金银滩草原 1 700 多户牧民备鞍打马，为共和国核工业事业无偿让出了世居之地。在三年困难时期，基地地处海拔 3 000 米以上的高寒缺氧地区，一年有八九个月都要穿棉衣。建厂初期，人们住的是帐篷，自己动手挖防空洞、拔茅草苫房顶，造半地下的干打垒式房子，吃半生不熟的青稞面馍，喝融化的雪水和河水。怀着为祖国伟大事业献身的自豪感与使命感，大家很快适应了高寒缺氧的气候和艰苦的生活环境。短短几年时间，原本空旷的草原上就建起一座座工厂、一排排烟囱，原来只有羊肠小道的地方修建了公路和铁路。辽阔的金银滩草原从三顶帐篷逐渐变成商业、邮电、学校、医院等各种设施齐全的科研工作区。

在原子弹爆炸试验成功之后，为防止美国和苏联对基地进行偷袭，基地的部分设备从金银滩转移到了湟源县，基地工作人员也多了一项任务——防空演练，不仅在每一段铁路、公路，每一个电线杆下都有人值守，还要在草原四周的高山上驻扎“灯营”，架有大炮。每到夜晚，细心的职工偶尔会看到山顶上有灯光闪烁，那就是监视着空中安全的探照灯。

广大的科研工作者和基地建设者、工作者就是在这种外部紧张和自身困难的条件下，靠自己的力量创造了金银滩的辉煌，在马兰花开的地方升腾出象征中华民族自强不息的蘑菇云！正如我国第一颗原子弹试验的总指挥张爱萍将军所指出的，原子弹不是武器，它是一种精神，是中华民族自强不息的伟大精神！

三、大力协同、勇于登攀

“两弹一星”元勋周光召曾说：“‘两弹一星’的研制成功是全国大协作的成果。”科研力量大力协同，发挥社会主义大协作的优势，保证了各项科研任务的顺利完成。例如，在研制原子弹时，兰州化学物理所配合核武器研究所与兵器工业部下属研究所协同研制出引爆原子弹的高效能炸药和高电压雷管；中科院数学所和计算所合作进行了原子弹数据与计算方法的研究；西安和长春的光电所改装和研制的高速摄影机和跟踪电影经纬仪，在首次核试验火球摄影和测定中发挥了重要作用；气象局与大气物理所通力合作，为首次核试验提供了准确的气象预报；等等。

“两弹一星”工程之所以能在较短的时间内取得尖端科学技术成就，除了科研工作者们满怀爱国热情、自立自强、刻苦钻研、勇于探索，广大建设者积极进取、无私奉献、艰苦奋斗之外，关键在于我们的国家体制能够形成“全国一盘棋”，建构通力合作的“大科学体制”，协同各方力量共同奋斗。

在战略决策层面，党和国家领导人高度重视“两弹一星”工程，多次强调其必要性和重要性。为了反对核战争、突破核垄断，中国必须攀登科学技术的最高峰。毛泽东曾说：“原子弹要有，搞起来也不会多，但要搞起来，搞起来吓吓人。黄色炸药和大炮很顶事，帝国主义对这个很怕。”[①] 1955年1月15日，在中央书记处扩大会议上，列席会议的李四光、钱三强等科学家向中央汇报了原子武器的原理，演示了用于探测铀矿石的盖革计数器。毛泽东十分高兴地说：“我们国家，现在已经知道铀矿，进一步勘探一定会找出更多的铀矿来。解放以来，我们也训练了一些人，科学研究也有了一定的基础，创造了一定的条件。过去几年其他事情很多，还来不及抓这件事。这件事总是要抓的。现在到时候了，该抓了。只要排上日程，认真抓一下，一定可以搞起来。”[②] 从这一天起，中国的核武器研制开始起步，进入了毛泽东所说的“开始要钻原子能这样的历史的新时期”。

“全国一盘棋”

为了贯彻落实研制原子弹的战略决策，党中央、国务院、中央军委把发展原子能实业作为经济建设和国防建设的一项重要任务，列入国家长远发展规划。从战术发展层面，国家领导人统一部署、运筹帷幄，由陈云、聂荣臻、薄一波三人组成原子能领导小组，积极筹建航空和导弹的研究机构以及核子武器的研究机构，并在1956年4月13日成立国防部航空工业委员会，由聂荣臻任主任。1958年5月，毛泽东在党的八大二次会议上进一步提出要搞人造卫星。至此，中国研制导弹、原子弹和卫星的“两弹一星”事业正式拉开序幕。

“两弹一星”作为新中国成立后规模空前的科技工程，几乎涉及所有科学领域和国民经济部门。加之当时中国经济发展水平较低、基础薄弱，更需要中央加强统一领导，协调全国各方力量，把本来就十

---

① 中共中央文献研究室．建国以来重要文献选编：第18册．北京：中央文献出版社，1998：520.

② 中共中央文献研究室．毛泽东年谱（1949—1976）：第2卷．北京：中央文献出版社，2013：337－338.

分有限的人力、物力、财力高度集中起来，形成“全国一盘棋”，凝聚干事创业的强大合力。

研制“两弹一星”的人才队伍最初主要由留学归国人员、国内科研机构、高校人员和苏联专家组成。新中国成立伊始，国内科研人才匮乏，全国科学技术人员约有5万，其中从事科学研究的人员仅600多，科学研究机构也只有30至40个，不可能胜任重大的、高水平的研究工作。为筹建原子能事业，中央从各部门和各地方抽调近500名党政管理干部和专业技术干部，还从抗美援朝凯旋的志愿军指战员中抽调500多名无线电通信兵，组成原子能筹备班子和新疆、湖南两个铀地质勘查队。同时，中共中央要求各省、市委的书记处和中央各部门的党组负责领导实现这一抽调任务，保证抽调的干部和工人的质量和数量，并且按照规定的时间调齐。在此过程中，“全国一盘棋”举国体制的高效率得到了充分体现，短时间内大量工作人员汇聚到“两弹一星”研究和建设工程中。

在党的强有力的组织和领导下，全国范围内形成了科研攻关协作网，中国科学院、国防科研机构、工业部门、高等院校和地方的科研力量等“五个方面军”发挥各自技术特长和优势，先后有冶金部、化工部、机械工业部等26个部委，20个省（区、市），900多家工厂、科研机构和大专院校参加攻关会战，勇攀科学高峰。钱学森高度评价“全国一盘棋”的大协作精神：“这一整套组织合理的制度和方法不仅是科学的，而且也是结合我国实际的，是社会主义的。”举国一心、高度协同的全国大协作，是“两弹一星”最终成功不可或缺的重要原因，它充分体现了社会主义制度能够集中力量办大事的优越性。

构建中国的“大科学体制”

有了最高领导层的战略决策，有了相应的研究机构和科技人员，还需要有高效运作的科学体制来为“两弹一星”工程提供强有力的保障。

美国研制原子弹的“曼哈顿工程”、研究登月飞行的“阿波罗计划”等科研活动，都是在国家的大科学方式下进行的。苏联的“规划科学”模式，在一定程度上来说也是“大科学体制”，即以大规模的仪器设备、来自政府或国际组织的强有力的资金支持为特征，通常情况下都会形成科学家群和技术人员群共同从事此研究。

“两弹一星”的研制队伍，本身就是一座群星闪耀的“星系”。有在国外成名已久的科学前辈，也有在科学发现道路上崭露头角的学术中坚，还有在大学里接受了严格的学科教育后马上投身“两弹一星”事业的年轻人。他们群策群力，靠集体智慧、集体攻关、集思广益，突破了一个又一个理论和实践的难题。

在具体操作中，不仅这些理论设计人才、科研人员和大学生定期召开专题讨论会，充分发挥技术民主，甚至负责制造工作的技术工人都可以在讨论会上、黑板上表达自己的想法，大胆提出新的设想。直接领导研制“两弹一星”工作的周恩来总理很善于耐心听取各方面的意见，有一次，他在听取七机部有关领导汇报导弹试飞的安排计划时说，遇到困难就回去发动群众讨论，群众会有办法。中央专委开会时，周恩来每念完一个段落和议题，就宣布停一分钟等待大家发言，直到都没有异议再继续下一个议题，并在充分吸收各方意见的基础上做一段结论性发言。有人提出有道理的反对意见时，周恩来不会马上拍板，而是要求“下去搞清楚，下次会议再讨论”。通过这种集体讨论、群策群力的方式，每一个在争论中产生的假想和猜测在实践中不断经受检验，不断得到修正和补充。众人的集体智慧一点点地凝聚，推动着中国核武事业的发展。

我国于1956年制定的《1956—1967年科学技术发展远景规划纲要》，把发展以原子弹、氢弹为代表的尖端技术放在首要位置，确定了国家对科学技术进行宏观管理的“规划模式”，奠定了我国规划科学的基础，也为“两弹一星”工程提供了政策保障。聂荣臻认为，制定十二年科学规划所起到的巨大作用，完全证明了科学研究规划和计划的必要性与重要性。钱学森也认为，中国的制度“能使科研力量高度集中，意志高度统一，这比自由化的美国更适合搞火箭工程”。到1958年年底，经过不断探索和完善，我国基本构建起较为完备的集中型的“大科学体制”。

在经济和科技力量都较为薄弱的基础上，以较少的花费，用比资本主义国家更快的速度研制成功“两弹一星”，凸显了中国特色的“大科学体制”的优越性。20世纪60年代中期原子弹的试验成功，使中国成为继美国、苏联、英国、法国之后世界上第五个独立掌握核武器技术的国家；此后仅仅用了两年八个月的时间，又完成了从原子弹到氢弹的成功试验；再用两年十个月，于70年代初成功发射了第一颗人造卫星。在工业落后的中国，在如此短的时间内自主掌握了核技术和卫星技术，靠的就是全国的大力协同，靠的就是勇攀高峰的科学精神。这充分说明，集中力量办大事是中国在短时间内取得伟大成就的秘密所在，“大科学体制”体现了社会主义的制度优势。

毛泽东说，人是要有一点精神的。一个民族、一个国家，同样要有足以自立自强、屹立于世界民族之林的精神和风骨。新中国那些为了“两弹一星”伟大工程而毅然归国、呕心沥血、奋斗不息、坚忍自强的先辈，以及他们在为工程奋斗的过程中培育和发扬的“热爱祖国、无私奉献，自力更生、艰苦奋斗，大力协同、勇于登攀”的伟大精神，为源远流长的民族精神增添了浓墨重彩的一笔。

新时代，“两弹一星”精神仍然是建设中国特色社会主义的宝贵精神财富和不竭力量源泉。习近平同志在2011年1月26日看望航天科技专家孙家栋院士时指出：“‘两弹一星’精神激励和鼓舞了几代人，是中华民族的宝贵精神财富。”秉持“两弹一星”伟大精神，中华民族的优秀儿女必将在不懈奋斗和不断创造中，谱写出更加令人瞩目的辉煌！

第十四章

特区精神

要弘扬以爱国主义为核心的民族精神和以改革创新为核心的时代精神，继续发扬敢闯敢试、敢为人先、埋头苦干的特区精神，激励干部群众勇当新时代的“拓荒牛”。

——习近平：《在深圳经济特区建立40周年庆祝大会上的讲话》，《人民日报》2020年10月15日第2版南国春涌改革情，特区助力中国梦。兴办经济特区，是党和国家为推进改革开放和社会主义现代化建设进行的伟大创举。改革开放初期，党中央先后设立深圳、珠海、汕头、厦门、海南 5 个经济特区，在经济领域率先实行特殊政策和灵活措施，自此掀开了社会主义现代化建设的序幕。只有敢于走别人没有走过的路，才能收获别样的风景。40 多年来，这 5 个经济特区不辱使命，在建设中国特色社会主义伟大历史进程中谱写了勇立潮头、开拓进取的壮丽篇章。在经济特区发展过程中凝练而成的特区精神，是中国特色社会主义建设过程中时代精神的高度浓缩，是中国共产党人的精神谱系的重要组成部分。

一、敢闯敢试的改革精神

1978 年 12 月，党的十一届三中全会做出了把党和国家工作中心转移到经济建设上来、实行改革开放的历史性决策，动员全党全国各族人民为社会主义现代化建设进行新的长征。改革开放的过程就是思想解放的过程。没有思想大解放，就不会有改革大突破。经济特区因改革开放而生，伴随改革开放成长，与改革开放命运与共，开改革开放风气之先。在党中央的坚决支持和领导下，经济特区以其敢闯敢试的实践，从打破传统经济体制束缚到探索设立新经济体制的改革进程中一步步走来，以其自身独特的排头兵作用，推动了影响亿万人民群众的观念更新，促进了与中国改革相适应的观念和精神的形成。

敢闯敢试就是要勇于解放思想。1979 年 4 月，中央工作会议召开，广东省委负责同志建议中央下放若干权力，允许在深圳、珠海、汕头开办出口加工区，推进改革开放。邓小平非常支持这一建议，并指出："还是叫特区好，陕甘宁开始就叫特区嘛！中央没有钱，可以给些政策，你们自己去搞，杀出一条血路来。"同年 7 月，党中央、国务院批准广东、福建两省实行"特殊政策、灵活措施、先行一步"，并试办出口特区。当时束缚中国经济发展的不仅仅是高度集中的计划经济体制，还有与传统经济体制相适应的僵化的思维模式。经济特区想要发展，必须解放思想。

1984 年初，在经济特区建设遭受质疑的关键时期，邓小平专程视察了深圳、珠海、厦门等经济特区。1 月 29 日，邓小平为珠海经济特区题词："珠海经济特区好。"2 月 1 日，邓小平在广州为深圳特区题词："深圳的发展和经验证明，我们建立经济特区的政策是正确的。"他还特意将落款日期写为离开深圳的 1 月 26 日。2 月 9 日，邓小平为厦门经济特区题词："把经济特区办得更快些更好些。"这些题词，将最殷切的期待、最热情的鼓励和最深情的鞭策写在了改革开放的最前沿，高瞻远瞩、提纲挈领地为中国特色社会主义的发展指明了前进的方向。

随后，中共中央、国务院召开了沿海部分城市座谈会，会议提出将厦门特区范围扩大到全岛，同时决定开放上海、天津、大连、秦皇岛、青岛、烟台、连云港、南通、宁波、温州、福州、广州、湛江、北海 14 个沿海港口工业城市，一个对外开放的沿海黄金地带就此形成。1985 年 2 月，继兴办经济特区、开放沿海城市之后，中央又正式决定把长江三角洲、珠江三角洲和闽南三角洲开辟为沿海经济开放区，随后又将辽东半岛、胶东半岛开辟为沿海经济开放区。1988 年 4

月又批准建立海南经济特区。至此，中国对外开放由点到线、再到面，自南向北的沿海经济开放区格局初步形成。

建设中的深圳国贸大厦

“时间就是金钱，效率就是生命”是深圳经济特区早期发展中最有代表性、最能反映特区精神气质的宣传标语，其中折射出的“发展是硬道理”和“效率优先”的双重核心理念，直接催生了红遍大江南北的深圳速度，成为打破思想禁锢、激励人们投身改革开放大业的时代最强音。早在 1984 年，深圳国贸大厦主体工程建设工地，由基建工程兵集体转业组建而成的建筑团队，创造了“三天一层楼”的纪录，堪称当时楼宇建筑速度的奇迹。深圳速度由此名扬海内外，成为深圳率先发展、协调发展的重要标志。

新闻链接

习近平：在深圳经济特区建立40周年庆祝大会上的讲话

（节选）

广东是改革开放的排头兵、先行地、实验区，是建立经济特区时间最早、数量最多的省份。深圳是改革开放后党和人民一手缔造的崭新城市，是中国特色社会主义在一张白纸上的精彩演绎。深圳广大干部群众披荆斩棘、埋头苦干，用40年时间走过了国外一些国际化大都市上百年走完的历程。这是中国人民创造的世界发展史上的一个奇迹。

——40年来，深圳奋力解放和发展社会生产力，大力推进科技创新，地区生产总值从1980年的2.7亿元增至2019年的2.7万亿元，年均增长20.7%，经济总量位居亚洲城市第五位，财政收入从不足1亿元增加到9 424亿元，实现了由一座落后的边陲小镇到具有全球影响力的国际化大都市的历史性跨越。

——40年来，深圳坚持解放思想、与时俱进，率先进行市场取向的经济体制改革，首创1 000多项改革举措，奏响了实干兴邦的时代强音，实现了由经济体制改革到全面深化改革的历史性跨越。

——40年来，深圳坚持实行“引进来”和“走出去”，积极利用国际国内两个市场、两种资源，积极吸引全球投资，外贸进出口总额由1980年的0.18亿美元跃升至2019年的4 315亿美元，年均增长26.1%，实现了由进出口贸易为主到全方位高水平对外开放的历史性跨越。

——40年来，深圳坚持发展社会主义民主政治，尊重人民主体地位，加强社会主义精神文明建设，积极培育和践行社会主义核心价值观，实现了由经济开发到统筹社会主义物质文明、政治文明、精神文明、社会文明、生态文明发展的历史性跨越。

——40 年来，深圳坚持以人民为中心，人民生活水平大幅提高，教育、医疗、住房等实现翻天覆地的变化，2019 年居民人均可支配收入 6.25 万元，比 1985 年增长 31.6 倍；率先完成全面建成小康社会的目标，实现了由解决温饱到高质量全面小康的历史性跨越。

（《人民日报》2020 年 10 月 15 日第 2 版）

敢闯敢试就是要坚持改革开放。1992 年春，邓小平视察深圳经济特区并发表重要讲话，鼓励深圳改革开放的胆子要大一些，看准了的，就大胆地试、大胆地闯，“深圳的重要经验就是敢闯”。2012 年，党的十八大之后，习近平总书记将深圳经济特区作为北京之外的首选视察访问地点，显示了新时代党的领导人毫不动摇坚持改革的坚强意志。坚持以开放促进改革，同样是经济特区成功的重要经验。

当习近平总书记谈到 1985 年他从河北正定县到厦门市任副市长时说：“我当时很踊跃地到厦门来啊，就是想来尝试对改革的实践、对开放的实践。”然而当时厦门给他的感受是：当时福建整个形势比想象的要欠发达一些。他是 1985 年 6 月到厦门上任的，从福州到厦门一路走了 8 个小时。交通条件比较差，道路比较狭窄。到了厦门以后呢，感觉也是出乎意料，过去说是海上花园，但是市容市貌都是显得比较陈旧一点，所以厦门的同志说，美丽的厦门岛好像是一个青春少女，但是穿了一件破衣服。1985 年，厦门经济特区范围仅仅是湖里地区的 2.5 平方公里；如今，走过 40 多年的厦门特区已扩大到全市1 573 平方公里。

自 2011 年 4 月 20 日正式落地至 2021 年 4 月 20 日，海南经济特区离岛免税政策已10周年。在此期间，相关政策分别对政策惠及人的年龄、离岛免税商品品种、免税购物限额、购物次数限制、销售方式等进行过8次调整，进一步释放了政策红利。海南省商务厅的数据显示，截至2021年4月19日，海南免税品销售额约980亿元，购物件数约1.2亿，购物超2 500万人次。10多年来，离岛免税政策不仅给游客带来了实惠，也推动海南加快调整经济结构，进一步激发消费潜力，促进新兴产业发展，更好地支持海南自由贸易港建设。

虽然当前世界经济仍然面临诸多复杂挑战，但只要我们坚持站在历史正确的一边，就决不会被逆风和回头浪所阻。要坚定不移全面扩大开放，推动建设开放型世界经济，推动构建人类命运共同体，我们必将在实现中华民族伟大复兴的征途中高歌猛进。

故事链接

两个罗芳村的故事

20世纪70年代末的深圳，还是个人口不足3万的“省尾国角”的边陲小镇。可就是这个小镇中一个名不见经传的小村落——罗芳村，引起了自广东省委书记吴南生到中央书记处书记邓小平的关注。原因就是在深圳河对面的新界也有一个同名的罗芳村。只是深圳的罗芳村人均年收入是134元，新界的罗芳村人均年收入是13 000元。更耐人寻味的是，新界原本没有什么罗芳村，居住在那里的人都是陆陆续续从深圳的罗芳村逃过去的。一边是高楼林立、现代繁华的国际都市，一边是瓦房凌乱、萧条破旧的边陲村落。两个罗芳村形成了鲜明对比，作为深圳一带“逃港”热潮的典型缩影，深刻地折射出当时的中国社会在与贫穷无声斗争中的无奈选择。

二、敢为人先的创新精神

习近平总书记指出：创新是一个民族进步的灵魂，是一个国家兴旺发达的不竭动力，也是中华民族最深沉的民族禀赋。在激烈的国际竞争中，唯创新者进，唯创新者强，唯创新者胜。创新，是 40 多年来经济特区高速发展的核心动力，是 40 多年来经济特区巨大成就的亮丽底色。

敢为人先就是要当好试验田，做好排头兵，为全国改革开放探路开路。先行先试是经济特区的一项重要职责，目的是探索改革开放的实现路径和实现形式。邓小平曾说："我们最大的试验是经济体制的改革。"改革开放初期，经济特区在由过去的计划经济向社会主义市场经济转变的历史进程中，率先开始了市场取向的经济体制改革。在认为市场经济等于资本主义的年代，经济特区用实践证明了市场调节在我国的可行性，证明了市场调节的效率和效益。到 1992 年，党的十四大确立我国经济体制改革的目标是要建立社会主义市场经济，在深圳试验了 12 年之久的市场调节得以推广全国，成为全国推行市场经济的序曲。

据不完全统计，改革开放以来，深圳创造了 500 多个"中国第一"，完成了 120 多项世界首创。第一个进行分配制度改革；第一个改革人事制度，实行聘用制；创办第一家企业自办的股份制银行、第一家股份制保险公司、第一家股份制中外合资企业……时至今日，覆盖每一个中国人的经济制度、金融制度、法治建设、体制改革、民生保障等一系列影响深远的制度探索，很多都是源起于深圳。经济特区正是以这种无所畏惧、勇当排头兵的精神，引领着中国经济体制改革的风潮，为寻找改革开放的成功路径提供了极具实践价值的科学标本。

建省 30 多年来，海南经济特区有近百项改革走在了全国前列。率先取消设立企业的所有制限制，所有企业都享受 15%的所得税税率；率先推进粮食价格改革，实行同市场价格基本接近的购销同价；率先实行主要生产资料计划价与市场价并轨的价格改革；率先设立外资成片开发的洋浦开发区；率先实行“一脚油门踩到底”的燃油附加费改革；率先实行落地免签制度；率先实行航权开放试点，海南空域成为全国最开放的天空；率先取消了农业税，海南经济特区最先进入农民无税时代……

敢为人先就是要发挥好对全国改革开放和社会主义现代化建设的重要窗口和示范带动作用。经济特区在实行对外开放的历史进程中发挥了重要的窗口和基地作用，为我国实现从封闭半封闭到全方位开放进行了开拓性探索。邓小平曾这样评价特区的作用：“特区是个窗口，是技术的窗口，管理的窗口，知识的窗口，也是对外政策的窗口。”从我国长期的对外封闭，到渐进式的对外开放，深圳、珠海、汕头、厦门和海南是首先打开的几扇“窗户”。

20 世纪 80 年代，深圳经济特区先后与中央 27 个部委，全国 28 个省（区、市）加强合作，采用多种形式办起 3 900 多家内联企业。这些企业最初是以内地对深圳的资助方式建立的。它们不仅为内地经济改革积累了丰富的第一手资料，而且它们秉持的与市场经济相适应的新观念、新思维也经由深圳向全国扩展。随着全国改革开放的不断深化，先发展富裕起来的深圳，坚持服务国家发展大局，不忘全国对经济特区发展的支持，积极通过制度、技术、资金、人才等多种方式回馈全国，促进东中西部协调发展，对国家发展起到了重要的辐射和带动作用。

江泽民在庆祝厦门经济特区建立10周年庆典上指出，厦门经济特区建设，对带动闽南地区加快经济发展起了重要作用，为推动海峡两岸的经济交往，促进祖国统一事业做出了积极的贡献。“厦门经济特区与台湾一水之隔，是海峡两岸开展经济文化交流的一个重要窗口。”从1994年开始，中央就对直抵厦门口岸的台胞实行落地签证。1996年8月20日，中华人民共和国交通部颁布的《台湾海峡两岸间航运管理办法》开始实施。交通部最先开放厦门、福州两地作为两岸间船舶直航的试点口岸。这成为祖国大陆加速实现两岸直接“三通”的重要措施和实际步骤。

2020年，以经济特区建立40周年为契机，党中央在深入研究的基础上支持深圳实施综合改革试点，以清单批量授权方式赋予深圳在重要领域和关键环节改革上更多自主权，一揽子推出27条改革举措和40条首批授权事项，助力深圳经济特区接续发展。

三、埋头苦干的创业精神

“空谈误国，实干兴邦”是深圳经济特区蛇口工业区在1992年竖立起的标语牌，如今这块蓝底白字的标语牌仍然矗立在蛇口南海大道边。“空谈误国，实干兴邦”旗帜鲜明地倡导的埋头创业的新发展观，不仅呼应了“发展是硬道理”的时代主题，而且时至今日依然是推进改革开放实践不断深入的座右铭。

1984 年深圳蛇口

埋头苦干就是要成为改革开放的开拓者。习近平总书记指出，经济特区的成功实践为中国特色社会主义理论形成和发展提供了丰富素材和鲜活经验。在新形势下，坚持和发展中国特色社会主义仍然有许多重大课题需要探索实践，有许多新的领域需要开拓创新。经济特区要坚持摸着石头过河，逢山开路，遇水架桥，不断为新时代中国特色社会主义建设形成新经验、深化新认识、贡献新方案，需要继续发扬埋头苦干的创业精神。

2015 年的政府工作报告提出，推动大众创业、万众创新，既可以扩大就业、增加居民收入，又有利于促进社会纵向流动和公平正义，让人们在创造财富的过程中，更好地实现精神追求和自身价值。同年初，国务院总理李克强在视察深圳经济特区的行程中，特别安排了访问当时还毫无名气的深圳柴火创客空间。当空间创始人希望总理能成为柴火创客的荣誉会员时，李克强欣然应允："好，我再为你们添把柴!"总理的率先垂范，掀起了全国范围内争当"创客"的热潮。

海南省为深入推进农业供给侧结构性改革，将科技元素注入现代农业，打造热带特色高效农业品牌。在海南省陵水现代农业示范基地大棚里，在引进的新加坡垂直耕种系统中，青菜生长在总高有 9 层的自动升降架上。每半小时，各层蔬菜都会上移一层，升至最顶层的蔬菜会自动降落到底层。这套系统既能保证各层蔬菜接受充足的日照，还能极好地节约土地资源。同时，低能耗水压驱动，椰糠配方基质的采用，很好地实现了均衡高效生产。在这个总规划面积 1.1 万亩的巨型农业基地，农民的鞋底几乎不用接触到泥土。采摘蔬果，只要站在随着地面滑轨移动的梯架上就可以做到。虽然基地的硬件设施投入较高，但高达 5.5 万斤的亩产和更好的品相，使农户一般在四五年就能收回成本。仅 2015—2017 年，基地就举办了 87 期培训班，受益群众达 8 000 余人。

埋头苦干就是要成为现代化建设的实干家。做现代化建设的实干家，就是要把改革抓在手上、落到实处、干出成效。只有埋头苦干才能攻坚克难，只有埋头苦干才能梦想成真。经济特区自兴办以来就着力培育的崇尚实干的良好社会氛围，为实干者和干事者撑腰鼓劲。

2015 年 5 月 15 日，在北京发布的《城市竞争力蓝皮书：中国城市竞争力报告 No. 13》显示，2014 年深圳城市综合经济竞争力已经超越香港，位居全国第一。此前，深圳连续三年位居《福布斯》中国大陆创新城市排行榜首位。《福布斯》中文版发布的“中国潜力企业榜”中，15 家深圳企业列入其选出的 100 家“中国最具潜力上市企业”，数量超过京沪穗。海南经济特区自建省以来的 30 多年里，主要经济指标实现了数十倍甚至上百倍的增长。与 1987 年相比，全省地区生产总值增长 21.8 倍，社会消费品零售总额增长 61.8 倍，地方财政一般公共预算收入增长 226.8 倍。

2011 年，在“厦门经济特区建设 30 周年杰出建设者”评选活动中，层层选拔出的 50 位杰出建设者和 10 位优秀建设者，涵盖 17 个行业，其中创业类占 31.7%，创新类占 28.3%，一线模范代表占 40%。值得一提的是，厦门作为一个外向度比较高的城市，港澳台同胞和外籍人士也占有一定的比例。被称为“肩扛两座通道的工学博士”，历任海沧大桥工程建设常务副指挥长、翔安隧道工程建设副指挥长兼总监理工程师的曾超谈道：“厦门经济特区 30 年，一代又一代的建设者们，以火一样的热情投身其中，用智慧和汗水创造了辉煌的业绩……1991 年，中国大陆第一座跨海大桥——厦门大桥通车；1999 年 12 月 30 日，亚洲第一座特大型三跨连续全漂浮钢箱梁悬索桥——海沧大桥建成通车；2010 年，中国大陆地区第一条海底隧道——厦门翔安海底隧道通车。在这些工程的建设中，我和同事们一起，攻克了一个个世界难题，创造了一个个中国纪录。”海沧大桥，这个获得了“中国土木工程詹天佑奖”的工程，仅前期调研就用了整整 10 年。而翔安隧道这一个在我国隧道建设史上具有里程碑意义的工程，建设全过程，无论是设计、施工还是监理、科研等，都是由我国自主承建的。

观念影响中国，精神塑造中国。40 多年经济特区发展历史上凝练成的独特精神，是中国特色社会主义建设过程中时代精神的高度浓缩，是中国现代化改革历程中的精彩华章。它镌刻着走向富裕的全体中国人民的共同记忆，塑造了改革开放进程中全体中国人民的精神气质，沉淀为我们迈向中华民族伟大复兴的独特财富。经过长期不懈奋斗，中国特色社会主义进入了新时代。当今世界正经历百年未有之大变局，我国正处于实现中华民族伟大复兴的关键时期。特区精神将注定成为新时代继续推进改革开放的精神资源，实现中华民族伟大复兴的精神财富，开拓创新的精神动力。“不要人夸颜色好，只留清气满乾坤。”在实现中华民族伟大复兴的征程中，经济特区将继续走别人没有走过的路，继续收获不一样的风景。

第十五章
载人航天精神

注重传承优良传统，发扬特别能吃苦、特别能战斗、特别能攻关、特别能奉献的载人航天精神，彰显了坚定的中国特色社会主义道路自信、理论自信、制度自信、文化自信，为坚持和发展中国特色社会主义增添了强大精神力量。

——《习近平在会见天宫二号和神舟十一号载人飞行任务航天员及参研参试人员代表时强调 在航天事业发展征程上勇攀高峰 努力建设航天强国和世界科技强国》，《人民日报》2016 年 12 月 21 日第 1 版

2003年10月15日清晨，北京航天飞行控制中心内，所有科技人员都严阵以待，迎接神舟五号载人飞船发射时刻的到来。此刻，数千里之外的戈壁荒滩——酒泉卫星发射中心发射现场，神舟五号巍然挺立，直耸云天，整装待发。

控制中心倒计时大屏幕上的数字不停地闪烁变换。“1分钟准备!”发射现场总调度的声音响起。“50秒……40秒……30秒……20秒……”所有人都屏息凝神，表情肃穆，控制中心与发射现场都异常安静，可是这安静中分明听得到所有人心跳的声音。“10、9、8、7……点火!”橘红色的火焰喷涌而出，滚滚浓烟四散，飞船成功点火升空。控制中心指挥人员不间断播报着各项信号和指标正常的信息，电视机前的亿万观众长长地松了一口气，不少人还流下了激动而欣喜的热泪。

杨利伟成为第一位进入太空的中国人，将一面具有特殊意义的五星红旗带入太空。机舱里，他面带微笑，神情镇定。当经过21小时23分钟的太空行程返回陆地后，杨利伟缓缓迈出舱门，面对欢呼的人群激动地说:“这是祖国历史上辉煌的一页，也是我生命中最伟大的一天!”神舟五号载人飞船的成功发射向世界庄严宣告，中国已成为世界上第三个独立掌握载人航天技术的国家。

神舟五号飞船顺利升空

1992 年 9 月 21 日，中央政治局常委会批准我国载人航天工程实施“三步走”发展战略。第一步，发射载人飞船，建成初步配套的试验性载人飞船工程，开展空间应用实验。第二步，突破航天员出舱活动技术、空间飞行器的交会对接技术，发射空间实验室，解决有一定规模的、短期有人照料的空间应用问题。第三步，建造空间站，解决有较大规模的、长期有人照料的空间应用问题。经过近 30 年的不懈奋斗，中国载人航天工程发展突飞猛进，捷报频传。2003 年 10 月至 2021 年 10 月，神舟系列飞船已经先后完成了 8 次载人发射。2005 年，神舟六号实现多人多天飞行。2008 年，神舟七号实现航天员出舱活动和小卫星伴飞。2012 年，神舟九号完整掌握空间交会对接技术。2013 年，神舟十号与天宫一号交会对接，进行应用性飞行。2016 年，神舟十一号与天宫二号自动交会对接成功。2021 年 6 月 17 日，神舟十二号发射成功，聂海胜、刘伯明、杨洪波三位航天员进入“天和”核心舱，标志着中国人首次进入自己的空间站；7 月 4 日，航天员执行出舱任务，这也是中国空间站阶段的首次出舱活动。2021年10月16日，神舟十三号发射成功，这是我国空间站建造阶段的第2次载人飞行任务。从2008年翟志刚口中的“我已出舱，感觉良好”，到2021年刘伯明口中的“哇，这外面太漂亮了”，充分体现了中国航天员愈加强大的自信，这自信背后折射出的是十余年间中国航天事业的巨大飞跃。目前，我国载人航天工程“三步走”发展战略中的前两步已取得全面胜利，第三步任务空间站工程已全面展开，各项研制建设工作正稳步推进。

载人航天工程自立项实施以来，在党中央、国务院、中央军委的英明决策和坚强领导下，在全国各族人民的大力关心与支持下，广大航天工作者牢记使命、顽强拼搏，攻坚克难、开拓进取，培育铸就了“特别能吃苦、特别能战斗、特别能攻关、特别能奉献”的载人航天精神，取得了举世瞩目的伟大成就。

一、特别能吃苦

航天员是乘坐航天器进入太空飞行的人员，他们要在特殊的环境条件下，在航天器的舱内外完成飞行监视、操作、控制、通信、维修以及科学研究等特殊的工作任务，并能正常地生活。只有经过严格而系统的训练，才能具备优良的生理和心理素质，对航天特殊环境因素有很强的适应能力，并熟练掌握航天器和完成飞行任务所应具备的各种知识和技能。航天员要学习的科目有空气动力学、天文学、航天医学、心理学、飞船设计原理、航天技术、航天环境以及英语、高等数学等上百个，且要在短短四年内全部掌握这些科目的知识。航天员的日常培训内容包括体质锻炼、理论知识教育、心理训练、特殊环境因素耐力和适应性训练、生存训练和航天器技术训练、航天医学工程技术训练、空间科学及应用知识和技术训练等。

提起航天员的日常训练，大家一定觉得很有趣，实际上他们学习及训练的难度、强度和复杂程度远远超出常人的想象。有些训练甚至是让人难以忍受的“魔鬼式训练”。低压缺氧训练，他们忍受着头晕恶心甚至休克的反应，每次训练都坚持 30 分钟以上；增强前庭功能的转椅训练，一般人一两分钟就受不了，航天员却要连续旋转 15 分钟；模拟失重训练，航天员身穿 160 多公斤的舱外航天服，在 10 米深的水中一次训练三四个小时，每次上来都累得瘫软在地，吃饭连筷子都拿不住；心理训练，航天员要在狭小密闭的隔离舱内经受抗疲劳抗寂寞的考验，72 小时连续工作，不能睡觉，不能离开……

离心机训练，是航天员训练次数最多、挑战性最大的训练项目之一。“嗡、嗡、嗡……”在中国航天员科研训练中心的离心机训练室内，一个 8 米长的旋转臂带动着模拟舱高速转动，发出巨大的轰鸣声。这是一种巨大的高速旋转装置，开动时航天员常常会头晕恶心，呼吸困难，痛苦程度无以言表。当时，航天员张晓光正在进行超重耐力训练，他被固定在座舱里，承受 40 秒的 8 倍重力加速度，他的脸因为载荷压力已经被挤压变形，但眼神却依然刚毅镇定。他不仅要重复各种抗负荷动作，同时还要判断信号答题。训练结束，张晓光稳步走出离心机，平静如水，保持着那份特有的自信和阳光。正是由于经受住了如此艰苦的训练，张晓光才不负众望，脱颖而出。2013 年 6 月 11 日至 26 日，张晓光和航天员聂海胜、王亚平驾乘神舟十号飞船成功进入太空，圆满完成我国载人航天首次应用性飞行。中国人民解放军航天员大队的每一位队员都和张晓光一样，无论训练如何艰苦，从不退缩。离心机训练中有两个按钮，红色按钮为暂停，自大队成立至今的20余年来，从无一人次在训练时按过红色按钮，航天员用他们坚忍不拔的精神渡过一个又一个难关。

刘洋是中国首位女航天员，人们对于这位巾帼英雄的成长经历和日常生活充满好奇。实际上，和其他行业年轻女性的生存状态不同，刘洋的日常生活极其单调和枯燥。为圆梦太空，刘洋自进入航天员大队后，几乎放弃了一切休息和娱乐活动，一门心思扑在学习训练上，就连航天城大门都很少迈出。她自嘲道："在北京，我是个典型的'路盲'!"有一次，刘洋乘车外出执行任务，路过王府井时，看到宽阔的马路和两侧雄伟的高楼，她忍不住问："这是哪儿呀?"引来众人一阵大笑。刘洋曾说："来北京7年，我就知道两个地方，一个是航天城，另一个是航天桥。因为它们都与航天有关。"刘洋为了她挚爱的载人航天事业心无旁骛，几乎是两耳不闻窗外事，正是因为具备了这种特别能吃苦、特别专注的精神，才有了中国首位女航天员的诞生。

"宝剑锋从磨砺出，梅花香自苦寒来。"阳光总在风雨后，没有人能随随便便成功。航天员每一次成功飞行的背后都是日常无数次的艰苦训练。对航天员来说，特别能吃苦的精神，就是全力以赴、认真钻研、严格训练、不惧疲劳的精神，就是无怨无悔、持久忍耐、迎难而上、以苦为乐的精神。

二、特别能战斗

习近平总书记在党的十九大报告中指出，实现伟大梦想，必须进行伟大斗争。中国革命的胜利是靠斗争打出来的，中国建设的成就是靠斗争干出来的，中国改革的推进是靠斗争闯出来的。进行伟大斗争要继承和发扬斗争精神。

战斗精神是中国人民解放军的光荣传统，尤其在战火纷飞、硝烟弥漫的战争年代，人民军队浴血奋战，不畏强敌，为革命的胜利和中华人民共和国的成立立下不朽功勋。战斗精神作为军人的职业精神，是军人素质和觉悟的全面体现。也许有人要问，在今天这样一个和平发展的年代，人民军队的战斗精神又是如何体现出来的呢？成立于1998年1月5日的中国人民解放军航天员大队就是这样一支最能体现和平年代军人战斗精神的队伍，一支一不怕苦、二不怕死的队伍，一支特别能打胜仗的队伍。队员们进行伟大斗争就是要跟科技难题做斗争，跟艰苦训练做斗争，跟外部恶劣环境做斗争，跟自己的内心压力做斗争。航天员用他们的实际行动证明，战斗精神生生不息，永葆活力，在我们实现航天梦、实现中华民族伟大复兴中国梦的征程中仍发挥着重要作用。

众所周知，航天员是一项挑战人类身体和心理极限的高风险职业，不仅需要过硬的身体素质，还需要强大的心理承受力。而这种心理承受力正来自一种不畏牺牲的战斗精神。追梦之路，从来不缺少挫折与挑战，甚至要经历生死考验。遥遥飞天之路，更是如此。

2008年9月25日，景海鹏、翟志刚、刘伯明三人执行神舟七号飞行任务。9月27日，就在翟志刚即将漫步太空时，意外情况发生了。在开启轨道舱舱门时，他拼尽全力，舱门却丝毫没有反应。在地面训练中，他从未遇到过这种情况。此时，飞船即将驶出测控区，如果舱门打不开，空间出舱活动就无法进行，神舟七号任务的核心目标就无法实现。刘伯明一边鼓励翟志刚，一边协助他固定腿部，在两人的协力配合下，舱门终于打开。可就在这时，突然传来报警提示："轨道舱火灾！轨道舱火灾！"此时，空间出舱活动行将展开，全国人民都在翘首以待。刘伯明和翟志刚目光对视，彼此心领神会。刘伯明果断调整舱外活动计划，临时改变了操作步骤，将一面五星红旗递到翟志刚手中。翟志刚毫不犹豫地出舱，第一个动作是在太空中高高举起了五星红旗。为什么要把五星红旗先送出去？刘伯明说："因为如果关上舱门，瞬间爆炸，我们就回不去地球了，但就算果真遭遇不测，我们也要让五星红旗在太空高高飘扬。"事后证明，这次火警是一次误报，但一瞬间的果断抉择，足以见证航天员崇高的战斗精神。"苟利国家生死以，岂因祸福避趋之。"为了国家的荣誉和人民的利益而战，随时准备着献出自己的宝贵生命，这就是航天员战斗精神的最高境界。

誓言铮铮不忘初心，牢记使命勇闯太空。2018 年 1 月 4 日，在纪念中国人民解放军航天员大队成立 20 周年之际，正在全力备战空间站工程任务的中国航天员隆重举行了重温入队誓词活动，以表达为祖国载人航天事业奋斗终生的坚定决心。宣誓活动在位于京郊的北京航天城举行。在占地 5 000 多平方米的空间站模拟器大厅内，巨大的空间站模拟器前，悬挂着巨幅五星红旗。面对国旗，杨利伟、费俊龙、聂海胜、翟志刚、刘伯明、景海鹏、刘旺、张晓光、刘洋、王亚平、陈冬 11 名曾经出征太空的航天员，举起右拳，一起重温入队誓词："我自愿从事载人航天事业……英勇无畏，无私奉献，不怕牺牲，甘愿为载人航天事业奋斗终生！"铿锵有力的宣誓声响彻大厅，让在场的很多人深受感染，热泪盈眶，人们仿佛回到了 20 年前航天员大队成立的历史时刻。

航天员大队成立 20 余年来，已成功执行 8 次载人航天飞行任务，

13名航天员遨游苍穹。“有志者，事竟成，破釜沉舟，百二秦关终属楚；苦心人，天不负，卧薪尝胆，三千越甲可吞吴。”时代呼唤英雄，我们的航天员大队不负祖国和人民重托，打赢了一场又一场不见硝烟却惊心动魄的硬仗。

三、特别能攻关

中国载人航天的攻关精神体现在万众一心、精益求精、科技驱动、勇于创新等方面。

载人航天是“万人一杆枪”“全国一盘棋”的事业，要想取得胜利，全党全国各族人民必须同心砥砺，众志成城。广大载人航天工作者在攻坚克难的工程实践中，坚持发挥社会主义制度的政治优势，坚持总揽全局，凝聚千军万马于伟大的事业之中，形成万众一心、共创伟业的生动局面。工程队伍牢固树立“一切为载人、全力保成功”的理念，目标一致、决心一致、步调一致，同舟共济、群策群力，服从大局、保证大局，真正做到了一条心、一股劲、一盘棋，实施大兵团作战，形成了圆满完成任务的强大合力。

中国航天人始终把“三个精心、两个确保”作为根本指导，始终把“严肃认真、周到细致、稳妥可靠、万无一失”的十六字方针作为基本准则，始终把“成功是硬道理”作为最终追求，始终把“载人航天、人命关天”“成功不等于成熟，一次成功不等于次次成功”作为长鸣警钟，以对载人航天事业和对航天员生命极端负责的精神，严格管控，规范管理，一丝不苟，精益求精，确保万无一失，确保圆满成功。

科学技术是第一生产力，科技在载人航天事业中更是发挥了引擎作用。2016 年 10 月 19 日 3 时 31 分，神舟十一号载人飞船与天宫二号空间实验室成功实现自动交会对接。这一刻，忙碌在机房里的北京航天飞行控制中心轨道室主任谢剑锋终于稍稍松了一口气。

谢剑锋说，载人航天，人命关天，轨道人计算的是飞行器的轨道线，关系的却是航天员的生命线。尤其是载人交会对接任务，频繁的控制环环相扣，任何一次出现失误都会影响后续任务实施，都可能影响航天员的在轨安全。因此，他带领团队创新攻关，努力提升飞控技术水平，每一个数据、每一个模型、每一次计算、每一次控制，都确保做到精准无误。

如果说关键技术创新是任务执行的前提基础，那么轨道控制计算的精度则是任务成败的关键所在。为了确保万无一失，谢剑锋带领团队反复推敲每一个控制细节，认真核对每一个控制策略，充分考虑每一个可能故障。带着这份执着，20 余年来，他先后创新突破了“高精度定轨”“精确返回控制”等多项具有自主知识产权的关键飞控技术，达到了世界先进水平。

“雄关漫道真如铁，而今迈步从头越。”谢剑锋最大的梦想就是在太空描绘出一条条精准完美的轨道线，就是能用不断刷新的轨道精度，助推中国航天的高度。“我们的人生因精度而精彩！”这是谢剑锋的座右铭，更是他对自己 20 余年飞天征程的最佳诠释。1999 年，当神舟一号飞船遨游苍穹时，谢剑锋和他的团队把轨道精度做到了百米量级。2011 年，面对被称作“太空穿针引线”的空间交会对接任务，他们把轨道精度提高到了 10 米量级。今天，随着中国人迈向太空的脚步越来越近，这个精度还在不断刷新，10 米，8 米，5 米……

在中国载人航天事业中，像谢剑锋这样的例子数不胜数。广大航天工作者坚持技术创新、管理创新、风险控制创新和人才培养创新，知难而进、锲而不舍，在飞船总体技术、航天员选拔训练、载人航天测控网等总体方案设计和关键技术突破上披荆斩棘，取得了一大批具有自主知识产权的科技成果，整体性能达到了世界先进水平，部分有所超越。我国载人航天工程实现了从跟跑到并跑、再到领跑的跨越发展。

自空间实验室飞行任务启动以来，中国坚持自力更生、自主创新，突破了一大批核心和关键技术，锻炼和培养了一支能够站在世界航天科技前沿、勇于开拓创新的高素质人才队伍，特别是青年才俊。一道道难关被攻克，一个个难题被破解，一次次极限被挑战成功……广大航天科技工作者牢牢抓住战略机遇，坚持创新驱动发展，勇攀科技高峰，谱写中国航天事业新篇章，从而为服务国家发展大局和增进人类福祉做出更大贡献。

四、特别能奉献

中国航天员大队是一支精诚合作、勇于奉献的队伍。以钱学森、王永志、周建平等为代表的科技专家群体，为祖国和人民的载人航天事业殚精竭虑、呕心沥血；以杨利伟、费俊龙、聂海胜等为代表的航天员群体，为祖国和人民的载人航天事业奋力拼搏、挑战极限；很多同志面对国外的优厚条件、外单位的高薪聘请，不为所动，坚守岗位，义无反顾，无怨无悔。

在航天员队伍中，除了一些为我们所熟知的名字外，还有许许多多默默无闻的幕后英雄在贡献着自己的力量。2016 年 10 月 16 日，景海鹏、陈冬即将执行神舟十一号载人飞行任务时，在酒泉卫星发射中心问天阁接受中外记者采访。一位记者提问："听说首批航天员有一部分已经停航停训，你也经历过一次落选、一次备份。你是怎么看待这个既充满竞争又充满浓浓战友情的团队的?"景海鹏回答："我经历过五次选拔，包括一次落选、一次备份。作为一名航天员，每迎接一次飞行任务，就要按统一标准重新选拔，确实存在着竞争。一个团队只有竞争才能出战斗力，但航天员这个团队除了竞争，更有携手并肩、传承帮带，一旦乘组定下来，其他战友就会送上掌声，全力以赴支持入选乘组。可以给大家透露一下，此时此刻，我的其他战友正在飞控岗位严阵以待。在接下来的一个多月里，他们将与我们一同'飞行'。我感到，航天员是勤奋的集体，是团结的集体，是自律的集体，是乐于奉献的集体，也是一个让人感动的团队，生活在这个团队很幸福。"由此可见，每一位家喻户晓的英雄航天员背后，都有一个默默无闻、甘作"备份"、毫无怨言的庞大群体。

位于西北大漠的酒泉卫星发射中心，是中国航天人魂牵梦绕的地方，这里是中国航天事业的起点，也是"两弹一星"精神和载人航天精神的发源地。很多航天员执行飞行任务前，都会走进这里的圣地——东风革命烈士陵园，瞻仰长眠在这里的航天英烈。在陵园的青松翠柏之中，长眠着中国航天事业的奠基人聂荣臻元帅、创业先驱孙继先等将军以及许许多多英勇捐躯的普通官兵。他们用青春和热血把一枚枚火箭、一颗颗卫星、一艘艘飞船送上太空，他们用生命之光照亮了中华民族探索星空的漫漫征程。工程师潘仁瑾的事迹深深打动了航天员们。潘仁瑾是一位上海姑娘，曾经在高校任教，为了支持丈夫刘明山的事业，她毅然放弃了优越的城市生活，一头扎进大漠戈壁，一干就是几十年。我国载人航天工程上马后，她牵头负责发射场计量工作，由于长期奔波劳累，积劳成疾，不幸在神舟一号发射前夕倒下了。她的遗愿就是，活着没能看到飞船升空，死了也要埋在戈壁滩，守望祖国航天事业！于是，茫茫戈壁滩上青松不老，红柳嫣然，英灵永在，万古流芳。

酒泉卫星发射中心神舟飞船发射现场

为了航天事业甘愿牺牲奉献一切的精神，早已融入了航天人的灵魂血脉，成为薪火相传、永志不忘的红色基因。广大航天工作者不计个人得失，不求名利地位，为载人航天事业奉献了青春年华，奉献了聪明才智，有的甚至献出了宝贵生命，书写了许许多多可歌可泣的感人事迹，涌现出许许多多可敬可佩的时代英雄。他们用自己的青春、智慧、热血和生命铺就了通往太空的成功之路。

2016 年 4 月 24 日，中国人迎来了属于自己的首个“航天日”。这一天，习近平总书记再次提起“航天梦”。他指出，经过几代航天人的接续奋斗，我国航天事业走出了一条自力更生、自主创新的发展道路，积淀了深厚博大的航天精神。设立“中国航天日”，就是要铭记历史、传承精神，激发全民尤其是青少年崇尚科学、探索未知、敢于创新的热情，为实现中华民族伟大复兴的中国梦凝聚强大力量。

中国航天人的实践告诉我们，辉煌的业绩与崇高的精神密不可分，平凡的岗位上可以孕育不平凡的英雄。广大航天人数十年如一日，淡泊名利，默默奉献，舍小家顾大家，像螺丝钉一样把自己拧在平凡的工作岗位上，拧在祖国的航天事业中，为祖国谱写了一曲曲“追星牧舟”的凯歌。同时，中国航天人也在奉献祖国、奉献人民的过程中实现了自己的人生理想和生命价值，享受到了一次又一次成功的愉悦、胜利的欢欣，成为令全社会尊敬的英雄。

伟大的事业孕育伟大的精神。载人航天精神，是“两弹一星”精神在新时期、新时代的发扬光大，是我们伟大民族精神的生动体现。人类在浩瀚的宇宙面前是渺小的，但人类的探索精神是伟大且永无止境的。探索浩瀚宇宙，发展航天事业，建设航天强国，是中国人不懈追求的航天梦。点燃航天梦，助力中华民族伟大复兴中国梦的实现，中国载人航天将持续奏响时代最强音。

第十六章
抗震救灾精神

要坚持抗震救灾工作和经济社会发展两手抓、两不误，大力弘扬伟大抗震救灾精神，大力发挥各级党组织领导核心和战斗堡垒作用、广大党员先锋模范作用，引导灾区群众广泛开展自力更生、生产自救活动。

——2013 年 5 月 12 日，习近平就四川芦山地震抗震救灾工作作出重要指示一部悠久的中华民族发展史，也是一部与自然灾害不断抗争的奋斗史。在地震、水涝、干旱等自然灾害面前，中华儿女不畏艰险，以惊人的意志和毅力，一次次战胜灾害，浴火重生，给我们留下了极为宝贵的精神财富。新中国成立70多年来，我国遭受了一系列重大自然灾害：1966年的邢台大地震，1976年的唐山大地震，1998年的特大洪水灾害，2008年的汶川大地震……在中国共产党领导下，我国人民以自强不息的精神，战胜了这些自然灾害，积累了宝贵的抗震救灾经验，凝聚成具有中国特色的抗震救灾精神。特别是在同四川汶川特大地震灾害的艰苦搏斗中，我们的民族和人民展示出了十分崇高的精神，形成了“万众一心、众志成城，不畏艰险、百折不挠，以人为本、尊重科学”的伟大抗震救灾精神。这种精神是我国人民在抗震救灾中用生命、鲜血和汗水换来的宝贵财富，是民族精神在当代中国的集中体现和新的发展，应该倍加珍惜。党的十八大以来，每当遭遇重大自然灾害事故，习近平总书记都及时做出的重要指示，始终强调要把“全力救人”作为最紧迫的工作，要把维护人民群众生命财产安全作为最根本的要求。

一、万众一心、众志成城

2008 年 5 月 12 日发生的汶川特大地震，是新中国成立以来破坏性最强、波及范围最广、救灾难度最大的一次地震。这次地震的震级达到里氏 8 级，最大烈度达 11 度，涉及 10 个省区市 48 810 个村庄。在这次地震中，受灾群众有 4 625 万多人，69 227 名同胞遇难、17 923 名同胞失踪，直接经济损失达 8 451 亿多元，由地震引发的崩塌、滑坡、泥石流、堰塞湖等次生灾害举世罕见。

“5・12”汶川地震震中遗址

汶川特大地震发生后，党和国家领导人迅速行动起来，时任中共中央总书记胡锦涛做出重要指示，要求尽快抢救伤员，保证灾区人民生命安全。时任国务院总理温家宝乘专机从北京起飞奔赴灾区，直接指挥抗震救灾工作。解放军和武警官兵迅速行动起来，当天 16 时 49

分，原成都军区、武警四川总队和驻川某师 6 000 余名官兵紧急赶赴汶川灾区。13 日 9 时，总参谋部命令原济南军区某机械化步兵师参加救灾的 10 000 名军人，由铁路输送改为空运。各部门各单位迅速行动起来，12 日晚，民政部会同财政部向四川灾区紧急下拨 2 亿元中央自然灾害生活补助应急资金。15 日 10 时，已经有近 5 000 名医务人员在灾区实施医疗救援。同时，社会各界也迅速行动起来，截至 15 日下午 3 时，全国共接收社会各界捐赠款物 13.44 亿元。从白发苍苍的老人到系着红领巾的孩子，从工人、农民、知识分子到各级干部，在抗震救灾的整个过程中，广大人民万众一心、众志成城。“灾难无情、人间有爱”“一方有难、八方支援”，成为地震灾害发生后响彻中华大地的最强音，也是抗震救灾精神的最生动展示。

“5·12”汶川特大地震，不仅受灾人口多、范围广，而且受灾程度深。只是依靠社会组织和爱心人士的捐助，对灾后恢复重建来说是远远不够的。在全面实施救援的同时，党中央、国务院果断做出“建立对口支援机制，举全国之力，加快恢复重建”的重大决策，颁布《汶川地震灾后恢复重建对口支援方案》，向全党全国发出了汶川特大地震灾后恢复重建的总动员，这充分体现了社会主义制度能够集中力量办大事的优越性。根据受灾县（市）的具体情况，统一安排兄弟省市进行对口援建。

汶川地震对口支援一览表

山东省——四川省北川县

广东省——四川省汶川县

浙江省——四川省青川县

江苏省——四川省绵竹市

北京市——四川省什邡市

上海市——四川省都江堰市

河北省——四川省平武县

辽宁省——四川省安县

河南省——四川省江油市

福建省——四川省彭州市

山西省——四川省茂县

湖南省——四川省理县

吉林省——四川省黑水县

安徽省——四川省松潘县

江西省——四川省小金县

湖北省——四川省汉源县

重庆市——四川省崇州市

黑龙江省——四川省剑阁县

广东省（主要由深圳市）——甘肃省受灾严重地区

天津市——陕西省受灾严重地区

一年后，灾后恢复重建取得重要阶段性成果；两年后，“三年任务两年基本完成”的目标如期实现。在全国人民的大力支援下，经过大规模的重新建设，一个崭新的、充满生机活力的汶川展现在世人面前。回顾这段不平凡的抗震救灾历程，最值得一提的是，在极短时间内，举全国之力快速集结庞大的人力、物力、财力等各种资源，形成全国救灾“一盘棋”，在人类救灾史上留下了浓墨重彩的一笔。这是中国特色社会主义制度的胜利，也只有社会主义中国才能完成这样的壮举。事实证明，中国走社会主义道路是正确的，在中国共产党领导下，发扬抗震救灾精神，我们可以战胜社会主义现代化建设道路上的一切困难。

三年后，2011年5月，美国红十字会地区代表拉姆齐·拉茨来到汶川，参观和考察当地的灾后重建工作。他掩饰不住对汶川灾后重建工作的赞叹："中国政府是令人尊敬的。这样高效的灾后重建工作实在少见！在我们看到的其他灾难中，有的国家和地区需要5～10年才能恢复。而在四川，仅仅过了3年就取得了这样惊人的成就。"这反映了世界各国人民对中国抗震救灾取得伟大成就的充分肯定和赞赏。

经过科学救灾、科学重建、发展振兴，在汶川特大地震中遭受严重破坏的巴山蜀地发生了历史性改变。汶川、北川、青川……39个重灾县实现跨越发展，城乡面貌、基础设施、产业发展、生态环境和精神生活等都迎来巨变。2017年，39个重灾县地区生产总值达6 829.7亿元，总量是2008年的3倍；2020年，当年的10个极重灾县的地区生产总值超过了2 100亿元，约为2008年的4.3倍。如今的地震灾区实现了浴火重生，龙门山脉城镇村落美丽和谐，焕发出勃勃生机。

二、不畏艰险、百折不挠

不论是抗击地震这样的自然灾害，还是抗击洪水和干旱等自然灾害，我们的民族和人民都展现出高昂的精神状态，体现出不畏艰险、百折不挠的伟大精神，这些都成为抗震救灾精神的重要内容。其中，感动中国的"汶川空降15勇士"和"新时期英雄战士"李向群，是其中典型的群体代表。

汶川大地震发生后，位于震中的汶川、茂县等地区通信和交通中断，与外界失去了联系。在这样的紧要关头，从党中央、国务院到普通老百姓，都迫切想知道灾区的具体情况。如何才能尽快进入灾区了解灾情？人们把希望寄托在了人民空军空降兵的身上。2008 年 5 月 14 日 11 时 24 分，汶川地震震中地带四川茂县上空 4 999 米高度，空降兵某部 15 名勇士先后从一架大型运输机上惊险空降。这次空降举世震惊！一方面，茂县为高山峡谷地形，境内山峰多在海拔 4 000 米左右，伞降难度很大；另一方面，各国空降兵跳伞训练通常在数百米高度进行，要在 5 000 米左右高度实施伞降，在世界军事航空史上是少有的。这 15 位勇士，在无气象资料、无地面指挥、无地面标识的“三无”条件下，冒着生命的危险，以大无畏的革命精神，成功空降到四川省茂县地域。安全着陆后，他们迅速集结，兵分四路向不同地域进发。他们身背小型卫星站、超短波电台、夜视仪等先进的通信和侦察装备，立即展开震情侦察。这 15 名勇士，历经 7 天 6 夜，冒着多次余震，翻山越岭，徒步 220 公里，先后在 7 个乡、55 个村庄侦察灾情，向上级报告重要灾情 30 多批次。这为指挥部指挥部队开进和部署抗震救灾提供了科学的信息依据。

汶川特大地震救灾现场

在新中国成立以来的抗震救灾中，这样感人至深的英雄事迹并不少见。1998年的特大洪水灾害中，同样涌现出一批抗洪英雄。李向群就是其中具有鲜明时代特征的先进典型。李向群（1978年9月—1998年8月22日），出生于海南省琼山市（今琼山区）东山镇。这里曾是著名的琼崖革命根据地。李向群从小就受到革命传统的熏陶。改革开放以来，他的家庭经历了从穷到富的变迁，他也亲身感受到了改革开放政策的伟大。1996年12月，李向群入伍，成为原广州军区某集团军“塔山守备英雄团”九连一班战士。1998年8月13日，他随部队火速赶到沙市大坪口幸福闸排险。这时候，长江第5次洪峰逼近沙市，幸福闸发生较大面积散浸，需要迅速查清漏洞，排除险情。幸福闸这个地方，江面弯多水急，漩涡不断，恶浪一个接着一个扑向堤岸。

面对这样的严峻情况，连长正在考虑下水排险的人选。这时，李向群拨开人群，快步走到幸福闸前，大声对连长说：“我下去试试!”说完一个猛子就扎了下去。1分钟过后，李向群才从下游十几米的水面冒了出来。指导员连忙问：“怎么样?”李向群说：“水流太急，控制不住身子。”连长脱掉衣服，要亲自下去。李向群一下子把背包绳从连长手里抢了过来，说：“连长，我下去过一次，心里有底，还是我下吧!”不等连长回答，李向群就抱着沙袋沉入了水中。在下沉当中，李向群的右脚踝关节不小心碰到闸门，被划开一个4厘米长的口子，鲜血直流，疼痛难忍。可是，他全然不顾这些，手脚并用，来回探寻，终于找到了闸门渗水口的准确位置。在全连官兵的共同努力下，终于封住了渗水洞，排除了幸福闸的险情。在抗洪抢险中，李向群先后4次晕倒在大堤上，终因劳累过度，于1998年8月22日壮烈牺牲，年仅20岁。中央军委授予李向群“新时期英雄战士”荣誉称号。2019 年 9 月 25 日，李向群入选“最美奋斗者”个人名单。

这些生动感人的事迹充分说明，党和政府是抗震救灾的主心骨，人民群众是抗击自然灾害的主力军，人民解放军战士是最可爱的人。在受到洪水威胁和袭击的各个地区，人民群众在惊涛骇浪面前没有惊慌失措，在失去家园和亲人的时刻没有悲观消沉，他们在党和政府的正确领导下，忍着悲痛更加斗志昂扬地迎战洪水。儿子牺牲了，父亲冲上来；丈夫殉职了，妻子顶上去。全国人民心系灾区，情系灾区，发扬中华民族团结友爱、互助互济的优良传统，无私地大力支持第一线军民。社会各界积极捐款捐物，中国大地上涌动起全民族同心同德、团结战斗的澎湃热潮，展现出一幅全民族万众一心战胜洪涝灾害的壮丽画卷。

三、以人为本、尊重科学

在抗击地震、洪水等自然灾害中，我们既应该发扬大无畏的革命牺牲精神，还应该发扬以人为本、尊重科学的根本原则，坚持人的生命高于一切，全力以赴抓紧时间救人。坚持实事求是，科学决策，科学部署，科学施救，是我国从抗震救灾中得出的一个宝贵经验。

每当重大地震、洪水等自然灾害发生之时，我们党和政府都坚持把抢救人民群众生命作为首要任务。1966 年 3 月 8 日 5 时 29 分 14 秒，河北省邢台专区隆尧县发生震级为 6.8 级的大地震，震中烈度 9 度；1966 年 3 月 22 日 16 时 19 分 46 秒，河北省邢台专区宁晋县发生震级为 7.2 级的大地震，震中烈度 10 度。两次地震共死亡 8 064 人，伤 38 000 人，经济损失 10 亿元。地震发生后，周恩来总理受毛泽东主席和中央政府委托，于3月9日、3月10日、4月1日三次冒着余震亲临地震灾区，踏着震后的瓦砾，走进灾民的窝棚，下到地窖，嘘寒问暖，慰问伤病员，站在木箱子上，给父老乡亲喊话撑腰……总理亲民爱民的崇高风范，在人民群众的心中树起了一座永恒的精神丰碑。同时，党中央立即派当地驻军赶赴地震现场开展救援工作，尽最大的力量抢救人民群众的生命财产。据不完全统计，参加救灾的达100多个单位、36 674人，其中解放军官兵24 411人、医务人员7 095人，汽车881辆，飞机38架。

在唐山大地震中，原北京军区三十八军一一四师三四一团四连在唐山商业医院扒挖伤员。医院的同志向战士们反映：内科一楼的三个病房里可能有人活着。得知这个消息后，四连指战员立即组织力量抢救。在基建工程兵六十一大队两台吊车的配合下，他们决定对该楼西侧展开重点突击，平行打一条通道。因为担心用吊车吊水泥板会使之断裂，挤伤幸存者，他们就组织人员用肩扛。1吨多重的水泥板，12名战士鼓足力气，扛走了3块。他们用手往下扒墙皮白灰，抠灌结砂浆，掏水泥裂缝。很快就掏开了一个小洞。从小洞往里面看，看见一位妇女被挤压在床下，曲着腿，里面只有1米多长的空间，人基本上不能活动。班长李伟等人钻进洞内，不顾手指疼痛，越扒越快。洞口稍大一点时，副指导员张光喜钻进洞内，把一条床单垫在妇女的身下。经过50多分钟的紧张战斗，四连同志安全地把这位妇女拖出了洞口。至此，这位妇女在废墟中已被埋压了303小时38分钟。据介绍，她的名字叫卢桂兰，46岁，家住唐山市南兴街25号。她在断水断食的情况下坚持了13天，这从纯生理上是难以想象和解释的，创造了一个生命的奇迹。更为可贵的是，人民军队为了人民群众的生命始终不放弃，彰显了抗震救灾中坚持人的生命高于一切的价值理念，创造了一个个人间奇迹！

党的十八大以来，党中央高度重视防灾减灾救灾工作，习近平总书记多次在不同场合就防灾减灾救灾工作发表重要讲话或做出重要指示，他多次深入灾区考察，始终把人民群众的生命安全放在第一位。2013 年 4 月 20 日，四川省雅安市芦山县发生 7.0 级强烈地震，中共中央总书记、国家主席、中央军委主席习近平得知消息后，心情沉重，当即做出重要指示，要求中央办公厅全面了解灾情，强调要把抢救生命作为首要任务，千方百计救援受灾群众，科学施救，最大限度减少伤亡，同时要加强地震监测，切实防范次生灾害；要妥善做好受灾群众安置工作，维护灾区社会稳定。2016 年 6 月 23 日，江苏盐城市阜宁县、射阳县部分地区突发龙卷风冰雹严重灾害。正在乌兹别克斯坦访问并出席上海合作组织峰会的习近平立即做出重要指示，要求国务院派工作组前往指导抢险救灾，代表党中央、国务院慰问受灾群众；要求全力组织抢救受伤人员，最大限度减少人员伤亡，并做好遇难人员善后和受灾群众安置工作。2018 年 7 月，我国多省遭遇洪涝灾害。习近平总书记对汛情高度重视并做出重要指示，他强调，当前，正值洪涝、台风等自然灾害多发季节，相关地区党委和政府要牢固树立以人民为中心的思想，全力组织开展抢险救灾工作，最大限度减少人员伤亡，妥善安排好受灾群众生活，最大程度降低灾害损失。2020 年 3 月 30 日，四川省西昌市发生森林火灾。灾害发生后，习近平总书记高度重视并做出重要指示，要求迅速调集力量开展科学施救，在确保扑火人员安全的前提下全力组织灭火，严防次生灾害。这些都表明了党和政府对人民群众的关心，对科学救灾的重视。面对重大自然灾害，既需要大无畏的革命精神，也需要严谨的科学态度。党和政府坚持依靠科学、运用科学，充分发挥科技人员的作用和科学技术的力量，使科学技术成为战胜自然灾害的有力支撑。1998年7月，湖北武汉汛情告急，荆江已超过国务院规定的分洪水位，各种社会舆论急切要求炸毁荆江大堤，分洪以保武汉三镇。当时难以抉择，如果炸堤分洪，公安县将化为泽国，近40万人无家可归，并造成150亿元的损失。而万一决口，武汉三镇将遭淹没，损失更远超千亿元。作为前线总指挥，温家宝广泛听取科技人员的意见，最终决定固守大堤，同样体现了以人为本、尊重科学的精神。2003年5月4日，温家宝在回忆当时的情景时说："1998年的大洪峰一共有八次，最重的是第六次。第六次洪峰到来的时候，已经过了分洪的警戒线……我一下飞机，省里的领导说得很多，各种意见都有，我咬紧牙关一句不说。半夜一进宾馆，我第一个是找科学家，我把几位有名的水利专家都请来，我说你们给我预报几个重要的信息，比如水情、气象、来水的情况，特别是雨情。我们对这些数据进行科学分析后，判断当时要过的洪峰是一个量大但是时间比较短的尖峰。当时我为什么下令'严防死守'，认为这样可以渡过这个难关呢？这是基于科学判断，我们把各方面参数都计算好了。"事实表明，这样基于科学判断上的重大决策，才是最能够维护人民群众最大利益的正确决策。

在总结新中国成立特别是改革开放以来我国抗震救灾实践的基础上，2016年12月，出台了《中共中央 国务院关于推进防灾减灾救灾体制机制改革的意见》，明确提出了要坚持以人民为中心的发展思想，坚持以防为主、防抗救相结合，努力实现从注重灾后救助向注重灾前预防转变，从应对单一灾种向综合减灾转变，全面提升全社会抵御自然灾害的综合防范能力。2018年4月，国家应急管理部正式成立，这将对保障人民的生命财产安全、维护社会的长治久安、促进国家治理能力和治理体系的现代化建设起到重要作用。到2019年，我国已初步形成新时代的特色应急管理组织体系。目前，我国逐步形成了具有中国特色的防灾减灾救灾工作体系。党和国家采取的这些政策举措，是把抗震救灾精神落实到具体措施和实际行动的集中体现。

实践充分证明，一个善于从自然灾害中总结和汲取经验教训的民族，一个坚守和发扬“万众一心、众志成城，不畏艰险、百折不挠，以人为本、尊重科学”伟大精神的国家，一定会日益坚强和不可战胜。我国是世界上自然灾害最为严重的国家之一，灾害种类多、分布地域广、发生频率高、造成损失重。有关数据表明，近 300 年来全球死伤 10 万人以上灾难一共发生了 50 起，其中有 26 起发生在中国。20 世纪世界上发生的 10 次大地震，有 3 次发生在中国。我们一定要深刻认识这一基本国情，充分发扬这种用生命、鲜血和汗水等巨大代价换来的抗震救灾精神，依靠中国共产党的坚强领导，依靠亿万人民群众的强大支持，依靠科学的无穷力量，在自然灾害面前不胆怯，在重大考验面前不退缩，在困难挑战面前不止步，不断推进中国特色社会主义伟大事业。

第十七章 抗疫精神

在这场同严重疫情的殊死较量中，中国人民和中华民族以敢于斗争、敢于胜利的大无畏气概，铸就了生命至上、举国同心、舍生忘死、尊重科学、命运与共的伟大抗疫精神。

——习近平：《在全国抗击新冠肺炎疫情表彰大会上的讲话》，《人民日报》2020年9月9日第2版

2020年4月8日0时，百年江汉关钟声敲响，武汉正式解除离汉通道管控。长江沿岸，25公里灯光秀亮起，轮船灯火通明，汽笛和着钟声鸣响，沉寂了76天的武汉三镇，重燃人间烟火气。7时25分，从武汉出港的东航MU2527航班成为天河机场恢复国内客运航班的“第一飞”，“离汉空中通道”正式恢复。乘务员哽咽播报：“我们度过了非常特别的76天，我们心怀感恩与感谢，感恩全国人民对武汉的守望相助，感谢社会各界的关切支持!”

时钟拨回到2020年1月23日。那一天武汉实施交通管制，离汉通道暂时关闭。与此同时，全国各地驰援武汉的医疗队紧急集结，白衣为甲、逆行出征。深夜，一班来自上海的高铁准点驶入武汉站。这班高铁上搭载的是上海驰援武汉的第一批重症和呼吸科医生。就在几个小时前，复旦大学附属华山医院副院长马昕将组派医疗队援助武汉的通知转发到科室微信群里。不到1个小时，由3位医生、9位护士组成的华山医院医疗队迅速组建完毕，义无反顾地动身前往武汉。1月24日20时，正是万家团圆的除夕之夜，128名广东省援助湖北医疗队队员紧急整理行装，出征武汉。南方医科大学珠江医院ICU医生王凯春节前返回安徽阜阳老家陪伴父母，当他看到组派医疗队援助湖北的号召后第一时间报名参加。他说：“2003年‘非典’肆虐时，我正上初中。看到新闻上说，一大批医务工作者奔赴一线和疾病战斗，至今记忆深刻。那时，是他们保护了我们。如今，我是一名重症医学科医生，救死扶伤，责无旁贷。”

像王凯这样的白衣战士，在这场同严重疫情的殊死较量中还有成千上万。从2020年1月23日关闭离汉离鄂通道到4月8日武汉市解除离汉通道管控，在这两个多月与死神赛跑的日子里，来自全国29个省（区、市）、新疆生产建设兵团及军队的346支医疗队、4.2万多名医护人员驰援湖北，和湖北医务工作者一起，打响了荡气回肠的生命保卫战。全国数百万名医务人员奋战一线，400多万名社区工作者日夜值守，180万名环卫工人起早贪黑，460多万个基层党组织冲锋陷阵，亿万人民积极配合，织牢织密65万个社区防控网。14亿多中国人民不分男女老幼，不分工作岗位，都是抗击疫情的伟大战士，共同创造了人类同疾病斗争史上的英勇壮举，铸就了伟大抗疫精神。

新冠疫情，是百年来全球发生的最严重的传染病大流行，是新中国成立以来发生的传播速度最快、感染范围最广、防控难度最大的一次重大突发公共卫生事件。面对新冠疫情，习近平总书记亲自指挥、亲自部署，党中央统筹全局、果断决策，全党全军全国各族人民众志成城、全力以赴，打响了一场气壮山河的人民战争、总体战、阻击战。经过艰苦卓绝的努力，中国付出了巨大代价和牺牲，有力扭转了疫情局势，用一个多月的时间初步遏制了疫情蔓延势头，用两个月左右的时间将本土每日新增病例控制在个位数以内，用三个月左右的时间取得了武汉保卫战、湖北保卫战的决定性胜利，进而又接连打了几场局部地区聚集性疫情歼灭战，夺取了全国抗疫斗争重大战略成果。

2020年9月8日，习近平总书记在全国抗击新冠肺炎疫情表彰大会上对伟大抗疫精神做出了全面概括，明确指出：“在这场同严重疫情的殊死较量中，中国人民和中华民族以敢于斗争、敢于胜利的大无畏气概，铸就了生命至上、举国同心、舍生忘死、尊重科学、命运与共的伟大抗疫精神。”[①] 伟大抗疫精神展示了中国人民前所未有的精神风貌，体现了中国共产党人一以贯之的斗争精神，彰显了社会主义中国砥砺前行的强大意志，极大增强了中华民族的自信心、自豪感，极大丰富了中国共产党人的精神谱系，极大坚定了走中国特色社会主义道路的信念决心。伟大抗疫精神，在中国共产党人的精神谱系中写下了浓墨重彩的一笔。这是彪炳史册的时代史诗，更是新时代新征程上熠熠生辉的不朽精神丰碑。

一、生命至上

生命至上，集中体现了中国人民深厚的仁爱传统和中国共产党人以人民为中心的价值追求。

岁末年初，正当人们忙着迎接新年的到来时，一种来源不明的病毒正悄然袭来。面对突如其来的疫情，习近平总书记高度关注，第一时间做出一系列重要指示。2020 年 1 月 22 日下午，习近平总书记审时度势，要求立即对湖北省、武汉市人员流动和对外通道实行严格封闭的交通管控。

“作出这一决策，需要巨大政治勇气，但该出手时必须出手，否则当断不断、反受其乱。”[②] 人民生命重于泰山！“只要是为了人民的

① 习近平．在全国抗击新冠肺炎疫情表彰大会上的讲话．北京：人民出版社，2020：12.

② 习近平．在统筹推进新冠肺炎疫情防控和经济社会发展工作部署会议上的讲话．北京：人民出版社，2020：5.

生命负责，那么什么代价、什么后果都要担当。”① 习近平总书记的话掷地有声。管控一座千万级人口城市的人员流动，世所罕见；给流动中国按下“暂停键”，会有一系列现实问题迎面而来。一边是生命与健康的保卫战，一边是经济和治理的遭遇战，天平的两端都重压如山。但人的生命高于一切，从果断关闭离汉离鄂通道，到延长春节假期，企业和学校延期开工开学，再到有序推动复工复产、毫不放松抓好常态化疫情防控，每一次审时度势的决策，无论是“暂停”还是“重启”，无论是医疗救治还是生活保障，党中央始终将保障人民生命健康视为重中之重，始终以民众生命健康福祉为执政之本。

生命是最宝贵的。“在保护人民生命安全面前，我们必须不惜一切代价，我们也能够做到不惜一切代价”②，“为了保护人民生命安全，我们什么都可以豁得出来”③。从出生仅 30 多个小时的婴儿到年逾百岁的老人，没有高低贵贱之分，不遗漏一个感染者，不放弃每一位病患者，每一个生命都值得全力以赴，每一个生命都应当被平等对待。在武汉抗疫期间，全国确诊患者人均医疗费用约 2.3 万元，重症患者人均治疗费用超过 15 万元，一些危重症患者的治疗费用达几十万元甚至上百万元，全部由国家承担。武汉 71 岁的危重症患者秦志江，曾几度濒临死亡边缘，被先后两次植入 ECMO 人工膜肺抢救，是国家援鄂医疗队和武汉本地医护力量超过半年不间断的接力守护治疗，让他重获新生。秦志江治疗费用近 150 万元，全部由国家承担。痊愈后他感慨地说：“我的整个（治疗费用）超过 150 多万元了，如果没有国家的

① 生命至上，不惜一切代价护佑生命：大力弘扬伟大抗疫精神．人民日报，2020－09－14（5）．

②③ 习近平．在全国抗击新冠肺炎疫情表彰大会上的讲话．北京：人民出版社，2020：13．

支持，我们根本不可能治疗下去。感谢我们的党、我们的政府，能够对我们这些老年患者、重疾患者，这么关心爱护，救助每一条生命。”

抗疫期间，一张落日余晖的照片曾经感动无数人。上海复旦大学中山医院“90后”援鄂医生刘凯推着病床，护送87岁的患者王欣去做CT，途中他停下脚步，落日余晖下，身穿防护服的医生和病床上的患者，两人望向夕阳，手指着远方……夕阳的金光洒落在两人身上，闪耀的是爱护生命、敬仰生命、守卫生命的人性光辉，升起的是人的生命、人的价值、人的尊严。照片背后的故事更令人动容。2020年2月11日，高烧近一周、已被确诊为新冠肺炎的王欣，作为危重症患者被接到武汉大学人民医院东院区救治。刚来的时候，老人整天躺在床上，20多天里自己连翻身都做不到，脑子记不清事情，大小便失禁。整个复旦中山医疗队在王欣老人的治疗过程中付出了很大的努力。医疗队的护士、医生不仅对老人全心救治，还为老人准备了很多生活用品、水果、营养品，喂他吃饭，帮他换尿不湿，鼓励他树立信心积极治疗，使老人的身体和心理状态都逐步稳定下来。在医护人员的精心照顾下，王欣老人一天天好转起来。老人退休前是武汉爱乐乐团的小提琴手，得知复旦中山医疗队即将返程的消息后，他特意为医疗队队员拉了一首小提琴曲《沉思》表示感谢。最终，在入院58天后，87岁的王欣老人痊愈出院。他背着心爱的小提琴，搂住前来欢送自己的医生，哽咽着说：“你们把我从死神那里救活了，我到现在这么健康。”

秦志江、王欣两位老人的故事不是个例。作为全国疫情防控的重中之重和决胜之地，武汉确诊患者总体治愈率达94%，湖北成功治愈了3 000余位80岁以上、7位百岁以上新冠肺炎患者，将成百上千的重症老年患者从死亡线上拉了回来。为了生命，不惜代价，全力以赴救治患者，这是中华民族一以贯之的价值坚守和精神境界，更是中国共产党人把人民放在心中最高位置的鲜明体现。

武汉抗疫期间，不断有新生儿诞生，让人们坚信这个寒冬并不严酷，春天终将到来。疫情初期，武汉协和东西湖医院收治的感染新冠肺炎的孕妇婷婷，入院时低烧干咳，肺部状况不佳。更糟糕的是，腹中胎儿出现了缺氧、胎心不稳的情况。如不及时全力救治，孕妇和胎儿都将有生命危险。武汉协和东西湖医院产科主任代淑兰和她的团队为了让这个新生命平安降临人间，决定为婷婷做剖宫产手术。为新冠肺炎孕妇做剖宫产手术，没有经验可以参考，为使医护人员免受感染，医院启动了三级防护措施，进入手术室的六名医护人员穿上隔离服，戴上四层医用手套。代淑兰戴上呼吸防护器，眼前结起一层雾，为了能看得清楚，她需要不断深吸气和憋气，以减少因呼吸产生的水雾。经过比平常多一倍的手术时间，婷婷诞下一个 5 斤重的女婴，母女平安。事后谈起手术救人，代淑兰说："面对新生儿，我的责任更重了，能救的一定要救！"

抗疫期间，习近平总书记强调要"始终把人民群众生命安全和身体健康放在第一位"[①]。不放弃一名患者，不放弃一丝希望，守护人的健康、拯救人的生命、尊重人的价值、维护人的尊严，这就是人民至上、生命至上的伟大精神。

二、举国同心

举国同心，集中体现了中国人民万众一心、同甘共苦的团结

① 中共中央政治局常务委员会召开会议 研究加强新型冠状病毒感染的肺炎疫情防控工作 中共中央总书记习近平主持．人民日报，2020-02-04（1）．

伟力。

疫情发生后，以习近平同志为核心的党中央加强对疫情防控工作的统一领导、统一指挥、统一行动，国务院联防联控机制加强统筹协调，各地各部门各司其职、协调联动，紧急行动、全力奋战。武汉人民、湖北人民识大体、顾大局，不畏艰险、顽强不屈，自觉服从疫情防控大局需要，主动投身疫情防控斗争，为阻断疫情蔓延、为全国抗疫争取了战略主动，做出了巨大牺牲和重大贡献。

一方有难，八方支援。集全国之力打赢湖北保卫战和武汉保卫战，靠的是社会主义制度的优越性。党政军民学闻令而动，东西南北中各就各位，全国迅速形成统一指挥、全面部署、立体防控的战略布局，有效遏制了疫情的大面积蔓延，有力阻断了病毒传播的危险进程。武汉用10天左右时间先后建成火神山医院和雷神山医院，大规模改建16座方舱医院，19个省（区、市）对口帮扶除武汉以外的16个市州，在最短的时间内实现了医疗资源和物资供应从紧缺向动态平衡的跨越式提升。举国上下鼎力支持，湖北的医用防护服、N95口罩日调度供应量峰值分别达27万件、56.2万只，比2020年1月27日前分别增长近13倍、近8倍。米面粮油、瓜果蔬菜从祖国四面八方源源不断运抵，助力江城挺过最艰难时刻。

世上没有从天而降的英雄，只有挺身而出的凡人。2020年除夕，武汉快递员汪勇说服家人，赶到金银潭医院送医护人员回家。从1月25日到4月8日，他每天只睡4小时：一个人能力有限，他就发动朋友圈，解决医护人员出行困难的问题；为让医护人员随时能吃上免费的热饭，他又多方联络解决需求。在汪勇的组织下，越来越多的志愿者成为他的同伴，越来越多的人站出来帮助他们。后来汪勇和他的同伴的服务范围越来越广，解决了很多医护人员和志愿者面临的难题、痛点，甚至很细微的需求。汪勇和他的同伴们对接行业协会，组织3 000人次的理发；他们在医院周边投放共享单车，解决医护人员的短程通勤问题；汪勇甚至和政府协商，让一家临时停产的快餐生产企业迅速复工，为医护人员和志愿者提供餐饮服务……作为一个普通人，汪勇几乎做到了“无所不能”，完成了看似不可能完成的任务。汪勇和他的同伴们为医护人员和志愿者带来了数不尽的温暖与感动。汪勇的故事让人们感受到，在这个被按下“暂停键”的冬天里，逆行的不只有“白衣战士”，无数的中国人都在与医护人员一起“逆行”，14亿多中华儿女都是“白衣战士”的坚强后盾。

“中国人民是具有伟大团结精神的人民。”这是习近平总书记在第十三届全国人民代表大会会议上讲过的话。举国同心的伟大精神，集中彰显了中华民族深沉厚重的家国情怀，有力诠释了新时代中国人民同心同德、同向同行的精神品格，生动绘就了团结就是力量的时代画卷。万众一心、团结一致的背后，是以习近平同志为核心的党中央总揽全局、协调各方，发挥了坚强领导核心作用。举国同心彰显了中国特色社会主义集中力量办大事的制度优势，团结一致的内核是我国国家制度和国家治理体系的优越性。

三、舍生忘死

舍生忘死，集中体现了中国人民敢于压倒一切困难而不被任何困难所压倒的顽强意志。

疫情就是命令，防控就是责任。疫情发生之后，全国数百万名医护人员义无反顾奔赴抗疫第一线，与时间赛跑、与病魔较量，给病毒肆虐的漫漫黑夜带来了光明，生死救援情景感天动地。346 支国家医疗队、4 万多名医护人员毅然奔赴武汉、湖北前线，很多人在万家团圆的除夕之夜踏上征程，充分展现了中国精神、中国力量、中国担当。

面对未知的病毒，冲锋是义不容辞的选择。“抗击疫情，医生就是战士，我们不冲上去谁冲上去?”年逾八旬的钟南山院士挤上高铁餐车，星夜兼程，赶赴武汉；“我必须跑得更快，才能从病毒手里抢回更多病人”，武汉金银潭医院院长张定宇在自己身患渐冻症、妻子也感染病毒的情况下，仍战斗在与病毒斗争的第一线；“这回我把胆留在了武汉，真的与武汉市民肝胆相照了”，“无胆英雄”张伯礼院士因连续多日超负荷工作导致胆囊炎发作，在武汉抗疫一线接受了胆囊摘除手术，但他术后不下火线，在病床上又架起小桌办公。

战“疫”火线，党旗高高飘扬。“一线岗位全部换上党员，没有讨价还价!”上海市医疗救治专家组组长、复旦大学附属华山医院感染科主任张文宏的一番话，显示了共产党员的担当。“我报名!”北京大学人民医院各个党支部微信群里，报名请战的人员名单接起了长龙。在北京大学人民医院援鄂医疗队前线成立的临时党支部里，18 名年轻的医护人员在抗疫前线火线递交了入党申请书。

防护服是“逆行者”的铠甲，口罩是“白衣战士”的盾牌，勒痕是“凡人英雄”的勋章。他们中有的同志甚至以身殉职，用生命完成最后的坚守。武昌医院院长刘智明，把生的希望留给他人而自己因错过救治而去世；江夏区第一人民医院医生彭银华主动请战，这一去再也没有回来，他永远无法向妻子兑现婚礼承诺了；协和江北医院医生夏思思牺牲在救治岗位，留下了 3 岁零 4 个月的孩子。他们以血肉之躯筑起阻击病毒的钢铁长城，用生命挽救生命，他们的名字和功绩，国家不会忘记，人民不会忘记，历史不会忘记。

在武汉抗疫战场，还有一支近 4 万人的特殊队伍，冲锋陷阵，舍生忘死，他们就是仅用 10 天左右时间建成武汉火神山医院、雷神山医院的建筑工人们。2020 年 1 月 24 日，中建三局火神山建设指挥部成立仅仅一天，施工现场就集结了 1 500 多人，到位设备 100 多台套。与此同时，更多的建设者源源不断从四面八方赶赴武汉。刘星、刘飞兄弟，他们的妻子都是武汉医院的护士。1 月 24 日凌晨，得知建设任务后，兄弟俩即刻请缨参建，带着妻子从老家连夜赶回武汉，分别奔赴工地、医院两个战场。春节前夕，31 岁的建筑工程师李松偕妻儿回到贵州老家沿河土家族自治县熊家沟村，正月初二听说所在公司要建设火神山医院，他马上打电话给公司经理，请求回武汉参与建设。当晚 23 时，李松一家三口踏上了跨越 4 省的千里归途，终于在第二天中午赶到武汉火神山工地。短短几天，4 000 余名管理人员、35 000余名作业工人，汇集成不可阻挡的钢铁洪流，奔涌在火神山医院和雷神山医院工地，靠挥洒血汗，靠钢铁意志，靠大灾大难面前攻坚克难的勇气，在全国人民的支援下，创造了短时间内建成火神山、雷神山医院的奇迹。

各条战线的抗疫勇士临危不惧、视死如归，困难面前豁得出、关键时刻冲得上，以生命赴使命，用大爱护众生。在这场没有硝烟的严峻战争中，中国人民没有被狡猾的病毒所吓倒，而是展现出敢于压倒一切困难而不被任何困难所压倒的大无畏气魄，以舍生忘死的伟大精神书写下可歌可泣、撼天动地的抗疫英雄史诗。

四、尊重科学

尊重科学，集中体现了中国人民求真务实、开拓创新的实践品格。

无论是抢建方舱医院，还是多条技术路线研发疫苗；无论是开展大规模核酸检测、大数据追踪溯源和健康码识别，还是分区分级差异化防控、有序推进复工复产，都是对科学精神的尊崇和弘扬，都为战胜疫情提供了强大科技支撑。尊重科学的伟大精神，赓续了中华民族“苟日新、日日新”的精神禀赋，显示了尊重客观规律、勇攀科学高峰的精神境界。

在没有特效药的情况下，中国实行中西医结合的治疗方法，先后推出 8 版全国新冠肺炎诊疗方案，筛选出“三药三方”等临床有效的中药西药和治疗办法，被多个国家借鉴和使用；在疫情突然袭来时，注重科研攻关和临床救治、防控实践相协同，中国第一时间研发出核酸检测试剂盒，加快有效药物筛选和疫苗研发；准确把握疫情形势变化，从“四早”“四集中”到联防联控、群防群控，从实行分区分级差异化防控到抓好常态化疫情防控，中国因时因势制定重大战略策略。

抗击疫情，科研先行。中国工程院院士、军事科学院军事医学研究院研究员陈薇，带领军事医学专家组奔赴武汉，在检测室与实验室连续奋战 113 天。那段时间，许多武汉市民通过各种渠道向他们求助。在医院红区，一名产妇红着眼睛问她：“我以后还能给孩子喂母乳吗？我还能抱我的宝宝吗？”身为母亲，陈薇感同身受，她带领团队立即开展相关研究，从医院红区到院外隔离点、再到家中，全程跟踪检测了泪液、汗液、血液、乳液、尿液等，用实验数据告诉她如何安全哺乳。陈薇团队长期专注重大传染病疫苗研发，面对新冠疫苗攻关，陈薇许下誓言："除了胜利，别无选择！"团队成员每天从睁开眼一直忙到凌晨三四点钟，第二天一早又投入紧张的工作中，很快完成了疫苗设计、重组疫苗株构建和安全质控条件下生产制备。在武汉的短短 3 个月内，陈薇不仅人瘦了一大圈，一头乌黑的秀发也变白了。2020 年 3 月，陈薇团队研发的疫苗获批进入 1 期临床试验，不久，又率先进入 2 期临床试验。2021 年 2 月 25 日，由陈薇团队研发的重组新冠肺炎疫苗（腺病毒载体）上市注册申请获得国家药品监督管理局附条件批准。目前，该疫苗已获得墨西哥、巴基斯坦、匈牙利、智利、阿根廷等多国紧急使用许可，在优先保障国内的前提下，向多个国家供应。

科学技术是人类同疾病较量最有力的武器，人类战胜大灾大疫离不开科学发展和技术创新。面对未知的新型传染性疾病，中国秉持科学精神、科学态度，把遵循科学规律的原则贯穿决策指挥、病患治疗、技术攻关、社会治理各方面全过程。正是因为秉持尊重科学的伟大精神，在统筹疫情防控和经济社会发展中充分运用现代科技，中国才能取得抗击新冠疫情斗争重大战略成果，创造人类同疾病斗争史上又一个英勇壮举。

五、命运与共

命运与共，集中体现了中国人民和衷共济、爱好和平的道义担当。突袭全球的新冠疫情，是自第二次世界大战以来最严重的全球危机，让全世界比以往任何时候都更深切地体会到“命运与共”的含义。疫情发生后，习近平总书记多次与世界卫生组织总干事和多个国家领导人通话或会见，本着公开、透明、负责的态度及时向国内外发布疫情信息，积极回应各方关切，表达加强与国际社会合作、实现合作共赢的良好愿望，充分展现了中国作为负责任大国的形象，体现了中国共产党人胸怀天下的使命和担当。中国第一时间向世界卫生组织、有关国家和地区组织主动通报疫情信息，第一时间发布新冠病毒基因序列，第一时间公布诊疗方案和防控方案。世界卫生组织这样评价：“面对这种前所未知的病毒，中国采取了历史上最勇敢、最灵活、最积极的防控措施，有效遏制了这一新的呼吸道病原体的迅速蔓延，改变了疫情快速扩散流行的危险进程，为全球应对新冠肺炎提供了重要经验。”

只要一国疫情不灭，世界就难言安全。面对新冠疫情这场全球性危机，中国秉承“天下一家”的理念，发起了新中国成立以来援助时间最集中、涉及范围最广的紧急人道主义行动，不仅对中国人民生命安全和身体健康负责，也对全球公共卫生事业尽责。中国毫无保留地同各方分享防控和救治经验，向世界卫生组织提供现汇援助，向数十个国家派出医疗专家组，向 150 多个国家及国际组织提供数百批抗疫援助，向 200 多个国家和地区出口防疫物资，切实履行新冠疫苗作为全球公共产品的承诺，为全球疫情防控注入了源源不断的动力。

2020 年 3 月 21 日晚 7 点半，塞尔维亚航空一架空客 A330 宽体客机降落在贝尔格莱德尼科拉·特斯拉机场。塞尔维亚总统武契奇带领塞国防、财政、卫生等部部长亲自在舷梯下欢迎中国援助塞尔维亚抗疫医疗专家组的到来。武契奇在机场与医疗队成员一一碰肘，表示热烈欢迎。随后，武契奇捧起五星红旗深情一吻，以示对中国帮助的谢意。

2020 年 3 月，意大利新冠疫情形势严峻，成为欧洲疫情的“风暴眼”，意大利方面表示希望中国能提供帮助。3 月 13 日清晨，经过十多个小时的飞行，中国医疗队乘坐东方航空公司飞机，抵达罗马菲乌米奇诺机场。中国专家团队到达意大利后，马不停蹄地投入工作。“Grazie Cina”（意大利语“谢谢中国”）成了意大利网友频频用到的热词。一名叫安娜·萨拉（Anna La Sala）的意大利网友在社交媒体发帖：“感谢中国，感谢他们所有人的存在，以及在这一刻与我们国家的协作。”

“当西方国家正在争抢新冠疫苗时，被排斥在外的发展中国家纷纷转向中国”，2021 年 2 月 16 日，美国《华盛顿邮报》以此为题刊发文章。中国疫苗成为众多发展中国家抗击新冠疫情最可靠的依赖，许多外国首脑纷纷为中国疫苗“点赞”并亲自接种中国疫苗。中国克服自身大规模接种带来的挑战，已向全世界 100 多个国家特别是发展中国家提供了约 10 亿剂疫苗（截至 2021 年 9 月），以实际行动践行将中国疫苗作为全球公共产品的承诺，赢得了国际社会的积极评价。

大道不孤，大爱无疆。命运与共的伟大精神，传承了中华民族的古道热肠和人性关怀，充分诠释了中国推动构建人类命运共同体的大国担当和远大志向。当前，疫情仍在全球肆虐，人类社会已被深刻改变，世界进入新的动荡变革期，各国人民对和平发展的期盼更加殷切，对公平正义的呼声更加强烈，对合作共赢的追求更加坚定。风险挑战面前，任何“甩锅”推责、嫁祸他人、颠倒是非、混淆黑白的做法，不仅会对本国和本国人民造成伤害，而且会给世界各国人民带来伤害。国际社会只有秉持人类命运共同体理念，坚持多边主义、走团结合作之路，方能携手应对各种全球性问题，共建美好地球家园。

习近平总书记指出："一个民族之所以伟大，根本就在于在任何困难和风险面前都从来不放弃、不退缩、不止步，百折不挠为自己的前途命运而奋斗。"[①] 新时代铸就而成的伟大抗疫精神，充分展现了中国人民和中华民族的伟大力量，是民族精神在新时代的一次极大升华，具有鲜明的时代特点和深邃的精神意蕴。感天动地、气壮山河的伟大抗疫精神，同中华民族长期形成的特质禀赋和文化基因一脉相承，是爱国主义、集体主义、社会主义精神的传承和发展，是中国精神的生动诠释，在中国共产党 100 多年历史、中华人民共和国 70 多年历史、中华民族 5 000 多年文明史上刻画下新的精神坐标，在社会主义发展史、人类文明发展史上矗立起新的精神标杆。伟大抗疫精神，既铸就了民族精神的不朽丰碑，更吹响了民族复兴的奋进号角。经受疫情磨炼的中国共产党和中国人民，一定能够从容应对各种复杂局面和风险挑战，更加坚不可摧、战无不胜，不断创造中华民族新的辉煌。

① 习近平．在全国抗击新冠肺炎疫情表彰大会上的讲话．北京：人民出版社，2020：26.

第十八章
脱贫攻坚精神

脱贫攻坚伟大斗争，锻造形成了“上下同心、尽锐出战、精准务实、开拓创新、攻坚克难、不负人民”的脱贫攻坚精神。脱贫攻坚精神，是中国共产党性质宗旨、中国人民意志品质、中华民族精神的生动写照，是爱国主义、集体主义、社会主义思想的集中体现，是中国精神、中国价值、中国力量的充分彰显，赓续传承了伟大民族精神和时代精神。

——习近平：《在全国脱贫攻坚总结表彰大会上的讲话》，《人民日报》2021 年 2 月 26 日第 2 版贫困是人类社会的顽疾，也是困扰了中华民族几千年的大事。自古以来，中华民族同贫困做斗争，都十分讲究方式方法，重视用智慧对抗贫困。沈括的《梦溪笔谈》中就曾记载宋代政治家、文学家范仲淹扶贫救灾的故事。皇祐二年（1050年），吴中发生大饥荒，饿殍遍野。范仲淹主政当地后，不仅积极调发国家仓库粮食、募集民间所存的钱物来赈济灾民，而且还别出心裁地召集各寺院住持僧人，告谕他们，灾荒年间民工工价最低，可以趁此大力雇用灾民兴建土木工程。于是各个寺院都兴建土木，官府也趁机翻修仓库和官吏住舍，每天雇役1 000多人，调发有余的钱财来给灾民支付工钱，救助了大量灾民。当时，吴中百姓崇尚佛法，爱做佛事，寺庙都相当富足，大量修缮工程由寺院自己出资，减轻了政府赈济灾民的财政负担；同时，借工钱不高之机，由各个官署开展基本设施维修建设，既救助了灾民、降低了行政成本，也免去了正常年景时修缮对农民的叨扰。因为将灾民转化成了工人，所以当地对灾民的救助金也相应地转化为工酬。换言之，就是“以工代赈”。这一措施的实行，在物质层面补上了救灾预算的缺口，在精神层面激发了灾民的自救意识，可谓双赢。范仲淹在扶贫时注重方式方法的创新，将扶贫物资的“直接供给”改为“间接供给”，留下了一段扶贫佳话。

任何革命精神都是特定时代的产物。在中国共产党带领中国人民经过艰苦卓绝的斗争取得新民主主义革命的伟大胜利之后，消除贫困、改善民生、逐步实现共同富裕，成为我们党的重要使命。党的十八大以来，中国共产党把贫困人口脱贫作为实现中华民族第一个百年奋斗目标的底线任务和标志性指标，在全国范围全面打响了脱贫攻坚战。习近平总书记站在中华民族伟大复兴和人类减贫事业的历史高度，精心谋划中国精准脱贫工作，对推进全面建成小康社会、实现第一个百年奋斗目标做出战略指引并躬身践行，足迹遍布 14 个集中连片特困地区，始终把扶贫使命扛在肩上。

衙斋卧听萧萧竹，
疑是民间疾苦声。
些小吾曹州县吏，
一枝一叶总关情。

2012 年 12 月 29 日至 30 日，习近平总书记冒着零下十几摄氏度的严寒，踏雪前往阜平看望慰问困难群众，考察扶贫开发工作，向全党全国发出了脱贫攻坚的动员令。无数共产党员以“敢教日月换新天”的豪迈斗志，栉风沐雨、披荆斩棘，克服难以想象的种种困难，跨越难以尽数的重重关卡，带领贫困群众跃步走上小康路、幸福路，向着实现共同富裕的美好前景不断迈进。时代是思想之母，实践是理论之源。脱贫攻坚伟大斗争锻造了伟大脱贫攻坚精神。这一精神具有坚如磐石的信仰力量，能够使我们铸牢理想信念、坚守价值追求、聚合磅礴之力，努力创造无愧于历史和人民的新业绩。

一、上下同心

“上下同欲者胜，风雨同舟者兴。”2015 年 10 月 16 日，“2015 减贫与发展高层论坛”在北京召开，人民大会堂高朋满座，各国嘉宾齐聚一堂。在中外嘉宾的热烈掌声中，习近平总书记动情地回顾了一路走来的扶贫工作历程，颇为感慨：“40 多年来，我先后在中国县、市、省、中央工作，扶贫始终是我工作的一个重要内容，我花的精力最多。”[①] 早在陕北梁家河插队时，他就带领乡亲们打井、修淤地坝、修梯田、建沼气池，向着“一年四季能吃上玉米面”的朴素目标而奋斗；在河北正定担任县委书记时，他扛着自行车一步一步蹚过滹沱河，走遍全县 200 多个村子，通过实地调研来探索农村的改革脱贫路；在福建宁德担任地委书记时，他跋山涉水走遍宁德穷困之地，不断探索“弱鸟先飞”的路子；到了福建省里工作，他盯住对口帮扶，推动“闽宁协作”在宁夏大地结出丰硕成果；来到中央，他把脱贫攻坚摆在治国理政的突出位置，纳入“五位一体”总体布局、“四个全面”战略布局，统筹谋划，强力推进，深入最偏远农村，经常出现在最贫困的群众身边，翻山岭、冒风雪、顶烈日，足迹丈量着从贫困到小康的进程，也澎湃着党心民心的同频脉动。

在党中央和习近平总书记的号召下，各级党组织和广大党员干部履职尽责、不辱使命，通过抓好中央统筹、省负总责、市县抓落实的工作机制和五级书记抓扶贫的责任机制，有效将脱贫攻坚的顶层设计与贯彻落实相结合；通过动员和利用东部经济发达地区人力、物力、财力优势，撬动西部地区发展潜力，有效实现了区域协调发展；通过开展“万企帮万村”活动，推进“企业组团促扶贫，就业脱贫全覆盖”，构建起政府主导、社会参与、市场机制三位一体扶贫模式；通

① 携手消除贫困 促进共同发展：在 2015 减贫与发展高层论坛的主旨演讲．人民日报，2015-10-17 (2).

过有序开展定点扶贫，查缺补漏，补齐短板，最终形成了专项扶贫、行业扶贫、社会扶贫互为补充的大扶贫格局，汇聚起排山倒海的磅礴力量。全党全社会思想统一、政治团结、行动一致，全国56个民族的人民心向党、齐奋斗，党政军民学劲往一处使，东西南北中拧成一股绳，举国同心，合力攻坚，使贫困地区的面貌发生了天翻地覆的变化。

二、尽锐出战

戴着眼镜，一副典型的知识分子派头；晒得黑红，东北口音，又像是个吃苦耐劳的农村汉子，他就是当地村民口中的“博士书记”张骅。

2017年年底，张骅从北京林业大学来到国家级建档立卡贫困村远新村科技扶贫。为了尽快熟悉融入远新村，白天，张骅顶着零下20多度的严寒走村入户；晚上，他加班做好记录，7天时间挨个走访50余户贫困户，12天一个人把全村300多户档案全部捋顺。经过3个多月的反复钻研，张骅最终选择以种植黑糯玉米为切入点，搭配种植黑小米、黑豆、黑皮花生、黑龙葵等，把目标定位在一线城市中高端消费人群，打造颜色农业产业链的致富新模式。“第一把火”烧起来后，张骅带领村民相继完成农村集体经济股份改革，建成田园综合体，发展起文旅产业等，村里的“第二把火”“第三把火”接连烧起来……如今，远新村发生了翻天覆地的变化。

好钢要用在刀刃上。为落实党中央重大决策部署，打赢脱贫攻坚战，各级党组织、各行业部门围绕脱贫攻坚目标任务，选派精兵强

远新村发生了翻天覆地的变化

将，尽锐出战，合力攻坚。党的十八大以来，全国累计选派 25.5 万个驻村工作队、300 多万名第一书记和驻村干部，同近 200 万名乡镇干部和数百万村干部一道奋战在扶贫一线，带领着“精兵”来打“硬仗”。在脱贫攻坚这个没有硝烟的战场上，他们舍小家为大家，爬过最高的山，走过最险的路，去过最偏远的村寨，住过最穷的人家，哪里有需要，他们就战斗在哪里。

75 所直属高校、4.78 万名教师奔赴一线开展实地帮扶，3 923 支队伍、3.33 万名大学生奔赴贫困县支教、支农、支医，作为“尖刀班”扛起扶贫“刀尖”责任，对接贫困县实际需求，探索出了教育扶贫、智力扶贫、科技扶贫、产业扶贫、健康扶贫、消费扶贫、文化扶贫等具有“高校品牌”的特色扶贫路径。他们中有“把论文写在大地上”的“农民院士”朱有勇，有深入贫困地区开展调研评估工作的“扶贫教授”廖和平，有带领全村以满分成绩通过第三方验收脱贫摘帽的“博士书记”张骅，有婉拒高薪聘请并主动来到偏远贵州山区无偿支教的“全国名校校长”陈立群等。

重重青山，过去像锁链一样困住了大山深处的村民。院士集结、智力汇聚，让澜沧县找到了走出困境的金钥匙。2015 年，著名植物病理学家、中国工程院院士朱有勇和他的团队主动请缨，来到澜沧县开展科技扶贫工作。

朱有勇发现，当地生态环境良好，光、热、水、土壤条件优越，这么好的资源禀赋，却深陷贫困，他感到深深的内疚，“我们亏欠农民的太多了，我们是党和人民培养的，是我们来晚了……”

可村民们一开始并不太领情。

走村入户调研时，很多拉祜族人开口就是一句话：“给我点钱吧，给点钱我就脱贫了……”

朱有勇很急，给钱给物哪是长久之计？“等靠要”观念更要不得。他明白，要想让村民相信真能带领他们摆脱贫困，就必须走到农民身边，用实际行动和老乡打成一片。

为了将先进的生产技术和科技成果真正应用到田间地头，他干脆把家和工作站安在了当地，与老百姓同吃同住，共同劳动，一次次走进田间地头进行实地调研，带领团队和村里百姓一起栽种马铃薯和药材。为了让村民脱贫不返贫，朱有勇院士还为农民们开办了技能培训班，除了教农民马铃薯种植技术和林下有机三七种植技术以外，还开设了冬早蔬菜、茶叶种植、林业班、猪牛养殖场等技能班，先后培训了 1 500 多名农民学员。几年下来，每户农民的收入从 2 500 元增加到了 7 000 元，种植有机三七中药材的农民每亩收入甚至可达 7 万元，这从真正意义上实现了农民的增产增收、脱贫致富。

正是这些肯干、会干、实干、能干的脱贫干部、教师、科研工作者迎难而上，倾力奉献，感召一批又一批脱贫攻坚者前赴后继、埋头苦干，用心血和汗水书写出一张张决战决胜脱贫攻坚的优异成绩单，才铸就了今日来之不易的伟大胜利！

三、精准务实

2013 年 11 月 3 日，习近平总书记来到湘西土家族苗族自治州花垣县排碧乡十八洞村，同村干部和村民代表围坐在一起，亲切地拉家常、话发展，在这里他首次提出要“精准扶贫”。

“天下大事，必作于细。”“扶持谁、谁来扶、怎么扶、如何退”，每一个问题都必须交出让人民满意的答卷。要达成这一目标，必须依靠高瞻远瞩的顶层设计和精准施策的科学路径，在精准施策上出实招、在精准推进上下实功、在精准落地上见实效。

习近平总书记离开后，花垣县组建的扶贫工作队就进驻了十八洞村。进村后，办的第一件大事就是确定帮扶对象，从 225 户 939 名村民中筛选出真正的贫困户、贫困人口。“户主申请，群众投票识别，三级会审，公告公示，乡镇审核，县级审批，入户登记”，“家里有拿工资的不评，在城里买了商品房的不评，在村里修了三层以上楼房的不评……”最终精准识别出 136 户贫困户、533 名贫困人口。根据每户的致贫原因、实际困难，工作队和村两委量身定制脱贫规划，一户户地扶，一个个地帮。在民生服务方面，缺什么补什么。改造村小学，解决“读书难”问题；建设标准村卫生室，解决“看病难”问题；实施农网改造，解决“用电难”问题；对丧失劳动能力的贫困人口，全部实行低保兜底；争取救助资金近 4 万元，解决 37 名贫困家庭学生困难……扶贫工作队的队员们清晰地记得，习近平总书记在与大家座谈时强调："发展是甩掉贫困帽子的总办法，贫困地区要从实际出发，因地制宜，把种什么、养什么、从哪里增收想明白，帮助乡亲们寻找脱贫致富的好路子。"① 于是，工作队瞄准了当地特产猕猴桃和独具特色的自然风光，把种植猕猴桃和乡村旅游作为重点扶贫产业。

仅仅几年间，十八洞村就从深度贫困村变成了脱贫攻坚示范村，为精准脱贫开了一个好头。各地积极贯彻落实习近平总书记提出的精准扶贫、精准脱贫方略，坚定信心、勇于担当，对扶贫对象实行精细化管理、对扶贫资源实行精确化配置、对扶贫对象实行精准化扶持，建立全国建档立卡信息系统，确保扶贫资源真正用在扶贫对象上、真正用在贫困地区；因村因户因人施策，对症下药、精准滴灌、靶向治疗，真正发挥拔穷根的作用；下足绣花功夫，扶贫扶到点上、扶到根上、扶到家庭，防止平均数掩盖大多数；不搞花拳绣腿，不搞繁文缛节，不做表面文章，实施经常性的督查巡查和最严格的考核评估。把脱贫职责扛在肩上，把脱贫任务抓在手上，切实防止形式主义，使脱贫成效真正经得起历史和人民检验。

四、开拓创新

"不日新者必日退。"打赢脱贫攻坚战，开拓创新是第一动力。创新绝不能停留在空谈上、争论上，而是要立足实际出新招、谋发展。2013 年，面对朱村布局混乱、基础道路设施薄弱、明清古建筑和红

① 习近平在湖南考察时强调：深化改革目标推进创新驱动 实现全年经济社会发展目标．人民日报，2013－11－06（1）．

色历史印记缺乏保护的现状，山东省临沭县专门成立了朱村改造提升、柳韵田园综合体两个指挥部，聘请浙江大学编制《朱村村庄规划》，实行居住区、农业园区、旅游区“三区同建”，下大力气开展村庄环境面貌、道路、河道综合整治，垒砌下水道，栽植绿化苗木，全面打造集居住、产业、旅游于一体的新时代文明宜居村庄。今日的朱村已建成集公共服务、党员教育、日常办公等功能于一体的综合服务中心，配套标准化幼儿园、小学、卫生室、供销超市、日间照料中心、文体广场等服务设施，朱村的面貌焕然一新，实现了幼有所育、老有所养、病有所医、住有所居。

今日美丽的山东省临沭县朱村

党的十八大以来，我们党采取了许多具有原创性、独特性的重大举措，组织实施脱贫攻坚战。立足国情，把握减贫规律，形成了中国特色反贫困理论，“精准扶贫”理念被写入第73届联合国大会通过的关于消除农村贫困的决议，丰富和发展了全球减贫治理理论；出台一系列超常规政策举措，构建了一整套行之有效的责任体系、工作体系、政策体系、投入体系、监督体系和考核体系，为脱贫攻坚提供了有力制度保障；以创新理念深化扶贫领域改革，创新扶贫方式路径，创造绿色生态减贫、电子商务扶贫、整村异地搬迁扶贫等新模式，扶贫成效显著提升；创新社会帮扶方式，形成了人人愿为、人人可为、人人能为的社会帮扶格局。

讲扶贫来促脱贫。“我们虽然穷，但要穷得有志气……应该用自己的双手，在扶贫干部的带领下早日摘掉贫困的帽子！”台上的女孩一口张家界方言，话音刚落，台下就响起了村民的喝彩声。冬季的山区寒意逼人，村里的百姓却携老扶幼赶来，戏台前人头攒动、掌声笑声不绝，一派热火景象……这里是张家界永定区尹家溪镇马儿山村，张家界阳戏艺术剧团在永定区脱贫攻坚指挥部的指导与合作下，排演了“戏曲进万村”扶贫巡回演出，马儿山村是第54场。张家界阳戏，是国家级非物质文化遗产，也是当地老百姓最喜爱的艺术形式之一。扶贫先要扶志，张家界这样的扶贫方式是老百姓喜闻乐见的，能让好政策、好观念入脑入心。

扶贫要用“创新”来指路。湖南省依托市场营销协会在全国率先发起由高校大学生参与扶贫的热潮，开展高校消费扶贫营销大赛，全省127所高校参与，近10万大学生报名参赛。各高校积极发动教职工、校友会、在校学生，累计组织开展各项线下营销活动73场，扶贫产品销售金额达564万元，线上销售89万元。借助抖音、快手、微信等网络平台，充分发挥青年大学生的创造力，以短视频、直播的形式，突出“我为家乡代言”的主题，介绍推广扶贫产品，走出了一条扶贫新路。

正是在这种敢为人先、奋力进取、勇于探索的开拓创新精神激励下，中国实现了快速发展与大规模减贫同步、经济转型与消除绝对贫困同步，创造了减贫治理的中国样本。未来我们仍然需要通过开拓创新，接续推进全面脱贫与乡村振兴的有效衔接，让农业真正成为有奔头、有前途的产业，让农村真正成为安居乐业的美丽家园。

五、攻坚克难

被称为“当代焦裕禄”的刘虎，是新疆喀什地区伽师县水利局党组副书记、局长。为实现贫困人口饮水安全保障目标，解决当地各族群众因水致病、因病致贫的问题，他带领团队找水源、探路线、定方案、划标段。在发现身患肺癌的情况下，他仍坚持奋战在伽师县城乡饮水安全工程一线。2020 年 5 月，工程全面通水并投入使用，47 万各族群众喝上了“安全水”“幸福水”，彻底告别了饮用苦咸水的历史。因耽误治疗及劳累过度，刘虎同志病情恶化，左眼失明，瘫痪在床。心有大我，行止便有了山的巍峨；至诚为民，胸怀就有了海的辽阔。刘虎说：“吃上了甜水，伽师人祖祖辈辈的梦想成真了。值！此生无憾。”

“精感石没羽，岂云惮险艰。”根据国际经验，当一国贫困人口数占人口总数的 10%以下时，意味着减贫工作进入了“最艰难阶段”。面对时间紧、任务重、难度大的现实情况，习近平总书记发出动员令：“脱贫攻坚战考验着我们的精神状态、干事能力、工作作风，既要运筹帷幄，也要冲锋陷阵。”[①]

被称为“当代愚公”的毛相林，是重庆市巫山县竹贤乡下庄村村

① 历史性的跨越 新奋斗的起点：习近平总书记关于打赢脱贫攻坚战重要论述综述．人民日报，2021－02－24（1）.

委会主任。下庄村，位于大巴山深处，四面被险峻大山包围。“下庄像口井，井有万丈深；来回走一趟，眼花头又昏。”为改变与世隔绝的情况，20 多年前，毛相林决定向绝壁要出路。他反反复复动员群众，和村民算细账、表决心，一再说：“山凿一尺宽一尺，路修一丈长一丈，就算我们这代人穷十年苦十年，也一定要让下辈人过上好日子。”在毛相林的劝说下，在他的精神感召下，下庄村终于达成修路共识。他带领村民用最原始的方式，历时 7 年在绝壁上凿出了一条长达 8 公里的“天路”，改变了下庄村与世隔绝的状况。“昔日登天路，今日致富路。”在毛相林的带动下，村民种起了柑橘等水果，发展生态旅游等，闯出了一条奔向小康的“致富路”。2015 年，下庄村在全县率先实现整村脱贫。2019 年，村民人均年收入达 12 670 元，是修路前的 40 倍。如今，下庄村一栋栋新楼拔地而起，一辆辆小轿车来来往往，老百姓的日子越过越红火。

面对脱贫攻坚战中遇到的一场场“过隘口”“攻山头”“啃骨头”的硬仗，共产党人始终坚定必胜信心，拿出“敢教日月换新天”的气概，鼓起“不破楼兰誓不还”的劲头，久久为功，锲而不舍，一代接着一代干，团结带领全国人民披荆斩棘、栉风沐雨，发扬钉钉子精神，敢于啃硬骨头，攻克了一个又一个贫中之贫、坚中之坚，使脱贫攻坚取得了重大历史性成就。

六、不负人民

党的十八大闭幕不久，习近平总书记来到河北阜平县看望慰问困难群众。阜平穷了多年，路崎岖，房破败。看到老区一些乡亲生活还比较困难，他一路表情凝重。考察后，习近平总书记的一番质朴讲话指明了民族复兴路上要抓紧推进的大事："我们一定要想方设法、群策群力，尽快让乡亲们过上好日子。"这些年，人民群众的衣食冷暖，牵动着习近平总书记的喜与忧："他们的生活存在困难，我感到揪心。他们生活每好一点，我都感到高兴。"天地之大，百姓为重。从那时拉开新阶段脱贫攻坚的序幕到今天，弹指一挥间，中国的穷苦之地却已是沧海桑田。近1亿贫困人口摘下了贫困的帽子，困扰中华民族几千年的绝对贫困问题得到了历史性解决。摆脱贫困，历史洪流巨响，蕴藏着百年大党的为民本色。

扶贫路上，我们党始终与人民同呼吸、共命运、心连心，坚持脱贫攻坚为了人民、脱贫攻坚依靠人民、脱贫攻坚成效由人民评判，充分激发蕴藏在人民群众中的创造伟力，让人民群众有更多、更直接、更实在的获得感、幸福感、安全感，让改革发展的成果惠及全体人民。

"蝴蝶啊，空中飞，身轻力不亏，年年引得东风到，岁岁与春归……"这是以第七届全国道德模范黄文秀为原型创作的民族歌剧《扶贫路上》的主题曲《蝴蝶飞》中的唱词。歌剧将这位年轻第一书记的逝去赋予"化蝶"寓意。2018年3月，黄文秀来到广西百色市乐业县新化镇百坭村担任驻村第一书记，用近两个月的时间，翻山越岭进行入户调查，还在笔记本上绘制了贫困分布图，摸清了村情与村民致贫原因。"只有扎根泥土，才能懂得人民。"驻村的每一天，黄文秀都争分夺秒，深扎基层。她带领村民们硬化道路、修建蓄水池、管护砂糖橘、种植油茶树……在任职1年多的时间里，她帮助全村88户418人脱贫，将贫困发生率从22.88%降到2.71%，整村脱贫指日可待。2019 年 6 月，雨季来临，暴雨导致百色山区多处路段塌方。黄文秀回家陪护刚做完手术的父亲，因放心不下村里的防洪工作，便冒着暴雨连夜返回百坭村，途中遭遇山洪不幸牺牲，她的芳华永远定格在了脱贫攻坚路上，用年仅 30 岁的青春践行初心与使命，用心中的信念之光传递温暖与梦想，在脱贫攻坚战线谱写了新时代的“不负人民”之歌。

我们不会忘记，电视镜头里，广西大学生村官黄文秀的父亲替女儿出席全国脱贫攻坚总结表彰大会，在听到女儿名字时不禁潸然泪下；我们不会忘记，江西“90 后”夫妻吴应谱、樊贞子牺牲在扶贫路上，当时樊贞子肚里还有 2 个月大的胎儿，家人痛心不已；我们不会忘记，湖北扶贫干部谢睿殉职后，他幼小的孩子整天在纸上摹画爸爸……在脱贫攻坚斗争中，1 800 多名同志将生命定格在了脱贫攻坚征程上，他们用实际行动诠释了共产党员“恪尽职守，不怕牺牲”的优秀品格，用宝贵生命践行了共产党员“对党忠诚，不负人民”的铮铮誓言，他们的名字将永远铭刻在我们每一个人心中。

习近平总书记指出：“精神是一个民族赖以长久生存的灵魂，唯有精神上达到一定的高度，这个民族才能在历史的洪流中屹立不倒、奋勇向前。”[①] 脱贫攻坚精神就是当下的中华民族和中国社会最为亮丽的精神标识。伟大的时代呼唤伟大的精神。人无精神则不立，国无精神则不强。脱贫攻坚精神不仅展现了当代中国人的最新精神面貌，而且集中体现了中国共产党的执政理念和治理绩效，彰显了中国特色社

① 中共中央文献研究室．习近平关于社会主义文化建设论述摘编．北京：中央文献出版社，2017：13.

会主义制度的先进性、优越性。将脱贫攻坚精神发扬光大，不断赋予其新的时代内涵，必将凝聚起中华民族砥砺奋进的磅礴伟力，鼓舞起14亿多中国人民永不停歇的奋斗热情，为坚持和发展中国特色社会主义伟大事业、实现中华民族伟大复兴提供强大精神动力。

附录
第一批纳入中国共产党人精神谱系的伟大精神及基本内涵

1. 伟大建党精神：坚持真理、坚守理想，践行初心、担当使命，不怕牺牲、英勇斗争，对党忠诚、不负人民。

2. 井冈山精神：坚定信念、艰苦奋斗，实事求是、敢闯新路，依靠群众、勇于胜利。

3. 苏区精神：坚定信念、求真务实、一心为民、清正廉洁、艰苦奋斗、争创一流、无私奉献。

4. 长征精神：把全国人民和中华民族的根本利益看得高于一切，坚定革命的理想和信念，坚信正义事业必然胜利的精神；为了救国救民，不怕任何艰难险阻，不惜付出一切牺牲的精神；坚持独立自主、实事求是，一切从实际出发的精神；顾全大局、严守纪律、紧密团结的精神；紧紧依靠人民群众，同人民群众生死相依、患难与共、艰苦奋斗的精神。

5. 遵义会议精神：坚定信念、实事求是、独立自主、敢闯新路、民主团结。

6. 延安精神：坚定正确的政治方向、解放思想实事求是的思想路线、全心全意为人民服务的根本宗旨、自力更生艰苦奋斗的创业精神。

7. 抗战精神：天下兴亡、匹夫有责的爱国情怀，视死如归、宁死不屈的民族气节，不畏强暴、血战到底的英雄气概，百折不挠、坚忍不拔的必胜信念。

8. 红岩精神：崇高思想境界、坚定理想信念、巨大人格力量、浩然革命正气。

9. 西柏坡精神：谦虚谨慎、艰苦奋斗的精神，敢于斗争、敢于胜利的精神，依靠群众、团结统一的精神。

10. 照金精神：不怕牺牲、顽强拼搏的英雄气概，独立自主、开拓进取的创新勇气，从实际出发、密切联系群众的工作作风。

11. 东北抗联精神：坚定的信仰信念，高尚的爱国情操，伟大的牺牲精神。

12. 南泥湾精神：自力更生、艰苦奋斗。

13. 太行精神（吕梁精神）：不怕牺牲、不畏艰险，百折不挠、艰苦奋斗，万众一心、敢于胜利，英勇奋斗、无私奉献。

14. 大别山精神：坚守信念、胸怀全局、团结奋进、勇当先锋。

15. 沂蒙精神：党群同心、军民情深、水乳交融、生死与共。

16. 老区精神：爱党信党、坚定不移的理想信念，舍生忘死、无私奉献的博大胸怀，不屈不挠、敢于胜利的英雄气概，自强不息、艰苦奋斗的顽强斗志，求真务实、开拓创新的科学态度，鱼水情深、生死相依的光荣传统。

17. 张思德精神：全心全意为人民服务。

18. 抗美援朝精神：祖国和人民利益高于一切、为了祖国和民族的尊严而奋不顾身的爱国主义精神，英勇顽强、舍生忘死的革命英雄主义精神，不畏艰难困苦、始终保持高昂士气的革命乐观主义精神，为完成祖国和人民赋予的使命、慷慨奉献自己一切的革命忠诚精神，为了人类和平与正义事业而奋斗的国际主义精神。

19. “两弹一星”精神：热爱祖国、无私奉献，自力更生、艰苦奋斗，大力协同、勇于登攀。

20. 雷锋精神：热爱党、热爱祖国、热爱社会主义的崇高理想和坚定信念，服务人民、助人为乐的奉献精神，干一行爱一行、专一行精一行的敬业精神，锐意进取、自强不息的创新精神，艰苦奋斗、勤俭节约的创业精神。

21. 焦裕禄精神：亲民爱民、艰苦奋斗、科学求实、迎难而上、无私奉献。

22. 大庆精神（铁人精神）：爱国、创业、求实、奉献。

23. 红旗渠精神：自力更生、艰苦创业、团结协作、无私奉献。

24. 北大荒精神：艰苦奋斗、勇于开拓、顾全大局、无私奉献。

25. 塞罕坝精神：牢记使命、艰苦创业、绿色发展。

26. “两路”精神：一不怕苦、二不怕死，顽强拼搏、甘当路石，军民一家、民族团结。

27. 老西藏精神（孔繁森精神）：特别能吃苦、特别能战斗、特别能忍耐、特别能团结、特别能奉献。

28. 西迁精神：胸怀大局、无私奉献、弘扬传统、艰苦创业。

29. 王杰精神：一不怕苦、二不怕死。

30. 改革开放精神：解放思想、实事求是，敢闯敢试、勇于创新，互利合作、命运与共。

31. 特区精神：敢闯敢试、敢为人先、埋头苦干。

32. 抗洪精神：万众一心、众志成城，不怕困难、顽强拼搏，坚韧不拔、敢于胜利。

33. 抗击非典精神：万众一心、众志成城，团结互助、和衷共济，迎难而上、敢于胜利。

34. 抗震救灾精神：万众一心、众志成城，不畏艰险、百折不挠，以人为本、尊重科学。

35. 载人航天精神：特别能吃苦、特别能战斗、特别能攻关、特别能奉献。

36. 劳模精神（劳动精神、工匠精神）：爱岗敬业、争创一流，艰苦奋斗、勇于创新，淡泊名利、甘于奉献。

37. 青藏铁路精神：挑战极限、勇创一流。

38. 女排精神：祖国至上、团结协作、顽强拼搏、永不言败。

39. 脱贫攻坚精神：上下同心、尽锐出战、精准务实、开拓创新、攻坚克难、不负人民。

40. 抗疫精神：生命至上、举国同心、舍生忘死、尊重科学、命运与共。

41. “三牛”精神：为民服务孺子牛、创新发展拓荒牛、艰苦奋斗老黄牛。

42. 科学家精神：胸怀祖国、服务人民的爱国精神，勇攀高峰、敢为人先的创新精神，追求真理、严谨治学的求实精神，淡泊名利、潜心研究的奉献精神，集智攻关、团结协作的协同精神，甘为人梯、奖掖后学的育人精神。

43. 企业家精神：增强爱国情怀，勇于创新，诚信守法，承担社会责任，拓展国际视野。

44. 探月精神：追逐梦想、勇于探索、协同攻坚、合作共赢。

45. 新时代北斗精神：自主创新、开放融合、万众一心、追求卓越。

46. 丝路精神：和平合作、开放包容、互学互鉴、互利共赢。

——根据中共中央组织部网站共产党员网“中国共产党人的精神谱系”专栏整理

后　记

习近平总书记在庆祝中国共产党成立 100 周年大会上指出："一百年来，中国共产党弘扬伟大建党精神，在长期奋斗中构建起中国共产党人的精神谱系，锤炼出鲜明的政治品格。"为满足广大青少年学生学习中国共产党人精神谱系的需要，培养堪当民族复兴大任的时代新人，王炳林主持编写了《跨越时空的精神伟力》一书。

本书通过生动实践阐释深刻道理，力求准确把握我们党在百年奋斗中培育形成的中国共产党人的精神谱系的科学内涵；坚持论从史出，结合青少年学生的认知特点，以生动典型的事例、通俗易懂的语言，把精神讲明白，把内涵讲清楚，把道理讲透彻；深入阐发伟大精神的时代价值，赓续红色血脉，传承红色基因。

本书系国家社科基金重大项目"伟大建党精神及其同中国共产党精神谱系关系研究"（批准号：21&ZD024）阶段性成果、国家社会科学基金重点项目"中国共产党革命精神谱系研究"（批准号：21ADJ011）阶段性成果。

在编写本书的过程中，王炳林提出撰写提纲并修改和审定全部书稿，马奇柯、王雪凌、王婧、叶红云、朱喜坤、朱博宇、李光伟、李彦姝、杨瑞、张翔、房正、郝清杰、崔文龙、马雪梅、王晓佳、王振兴等人参与了编写工作。

由于编写者水平有限，书中难免存在疏漏与不足，敬请读者批评指正。

2023年10月